冯虹等／著

中国超大城市
农民工问题研究

——以北上广深为例

RESEARCH ON MIGRANT WORKERS
IN CHINA'S MEGACITIES

Taking Beijing, Shanghai,
Guangzhou and Shenzhen as Examples

社会科学文献出版社
SOCIAL SCIENCES ACADEMIC PRESS (CHINA)

序

一

2014 年 11 月 20 日，国务院发布国发〔2014〕第 51 号文件《关于调整城市规模划分标准的通知》，新标准将城市划分为超大城市、特大城市、大城市、中等城市和小城市五类七档，其中，城区常住人口 1000 万以上的城市为超大城市。按此标准，北京、上海、天津、重庆、广州、深圳等 6 个城市被列为中国超大城市。除了人口规模之外，如果再综合经济社会发展水平等因素，目前能够代表中国经济社会发展最高水平的超大城市主要是北京、上海、广州和深圳（以下简称北上广深），它们也是中国流动人口最主要的流入城市。2013 年，北上广深外来人口近 4000 万人，其中外来农民工数量估计在 2500 万人以上，农民工已经成为超大城市外来人口的主体。如何对待和管理这个规模庞大的群体，是超大城市面临的重大问题。对此，我们看到超大城市对外来农民工的两难矛盾状况。

一方面，超大城市经济社会发展离不开外来农民工，大量外来农民工为超大城市的经济社会发展做出了显著贡献。因此，近些年来超大城市采取了诸多举措切实保障外来农民工的权益，尤其是在 2006 年国务院发布《关于解决农民工问题的若干意见》以来，超大城市在维护农民工权益的公共政策方面做出了一系列调整，如保障农民工就业与社会保障的基本权益，给予农民工子女受教育权益等。

另一方面，超大城市人口规模庞大，面临严峻人口数量调控问题，因此在严格控制人口规模的政策导向下，对外来农民工的城市融入不得不采取限制政策。但是，超大城市独有的城市集聚效应优势，强烈吸引农民工就业，造成了超大城市人口数量不断突破原有的城市人口规划。在上述情况下，控制人口与维护农民工权益困扰着超大城市，成为棘手的问题，也使得超大城市相关管理政策备受诟病。

农民工市民化是近年来政府政策调整和改革的重点，超大城市与其他城市一样，在农民工市民化方面，既要保障农民工就业和生活的基本权益，又要控制人口无序扩大，如何进行改革创新，这是超大城市人口管理和城市治理面临的重点和难点。本研究将研究目光聚焦在超大城市农民工问题上。希望通过对超大城市农民工就业与生活现状的研究，为超大城市农民工问题的治理提供启示。

二

近些年来，围绕着农民工就业、生活、城市融入、社会心态等诸多方面，研究者展开了丰富的研究，但是集中研究超大城市农民工问题的并不多见。一个重要的原因，就是在许多人看来，北上广深这样的超大城市外来人口主要是那些受过良好教育的白领群体，农民工并不是这些超大城市外来人口的主体。也正是因为缺乏相关的研究，所以超大城市在农民工问题的治理上一直没有取得应有的成效。比如，超大城市在控制人口数量上进行了很多创新，像"以业控人"和"以房控人"，事实上这些新的举措与预期成效相比是不尽如人意的。以"以房控人"为例，这一举措的初衷是通过整治群租房、地下室这些有安全隐患的居住场所，使那些主要居住于此的低端就业人口离开城区。但是，政策实践中"以房控人"往往不了了之，而没有得到有效的执行。一个重要的原因是"以房控人"的执法主体是街道与社区居委会，要面对数量众多的出租房，街道与社区居委会难以操作。同时，社区居委会是否具备执法权本身存在质疑，这使得"以房控人"难以入房排查，更难以执法。所以，政策难以落实，使"以房控人"不能起到其应有的机制功能。再如，"以业控人"的最初意图是控制与规范中低端行业，从而也就控制了低端就业人口的规模，以此实现人口规模调控。但是，一座城市的行业链既有高端和中端，也有低端，并不因为是超大城市就不需要低端行业。相反，低端行业与城市居民日常生活密切相关，不可能控制得住，所以"以业控人"最后也没有达到预期目标。因此，超大城市农民工问题亟待关注，对超大城市农民工问题的治理也需要进一步加强研究。

针对超大城市农民工问题，本研究利用国家卫计委全国流动人口调查 2013 年数据，[①] 选取北上广深四个超大城市农民工

---

① 2013 年国家卫计委全国流动人口调查以 31 个省（区、市）和新疆生产建设兵团 2012 年全员流动人口年报数据为基本抽样框，采取分层、多阶段、与规模成比例的 PPS 方法进行抽样。抽样总体为在调查前一个月来本地居住、非本区（县、市）户口且 2013 年 5 月年龄在 15～59 岁的流入人口，共调查 198795 个案例。其中农业户籍占 85.5%，城市户籍占 14.5%；男性占 53.7%，女性占 46.3%；年龄方面，90 后占 13.9%，80 后占 37.3%，70 后占 31.9%，60 后占 14.9%，50 后占 2%。

15509 个案例，分析探讨了其工作生活状况。同时也使用了该数据中的其他城市农民工群体对其进行比较研究。通过数据分析，本研究发现超大城市农民工的职业已经发生明显的分化。一直以来，农民工被视为同质化特征明显的群体，他们普遍的特征是从事重体力劳动，收入低，处于社会的中下阶层位置。但是通过分析发现，超大城市农民工群体已经发生了明显的变化，相当一部分农民工已经实现了向上社会流动，成为白领，甚至是企业主，与此同时，超大城市农民工内部的收入差距已经明显拉大。本研究发现，超大城市农民工在收入方面已经发生明显的分化，20%最高收入组的收入是 20% 最低收入组的 4 倍。在收入方面，既有月薪几万元的高收入者，也有月薪仅能维持基本生活的低收入群体。北上广深农民工经济上的分化还表现在消费方面呈现显著的群体差异。所有这些表明，北上广深农民工已经不再是一个同质化的群体，而呈现显著的差异。在此背景下，超大城市农民工政策又需要做出怎样的回应呢，这是我们提出的问题，也是需要我们进一步思考的问题。

三

农民工是中国城市化与工业化进程中的特殊现象，是职业身份与社会身份脱节的产物。一般来看，农村劳动力进入城市务工相应地成为城市居民，这是城市化的一般规律。但是，受计划经济体制时期户籍制度及社会治理模式的影响，中国农村劳动力进入城市后并没有获得城市居民权，而依然保留农村居民的身份，但是又在城市非农岗位上就业，故曰农民工。让农民工获得如城市居民相同的"市民权"（citizenship，包括就业权、居住权、受教育权以及社会福利保障权等），也是城市化过程中的核心问题。

党的十八届三中全会通过的《中共中央关于全面深化改革若干重大问题的决定》明确提出要完善体制机制，创新人口管理，更好地推进农业转移人口市民化。据国家统计局 2013 年统计，目前我国城镇化率为 52.6%，城市户籍人口占总人口的比例却只有 35%，全国约有 1.6 亿农民工虽然被统计为城镇人口，但是未能完全获得应有的市民身份和相应的权益，处于城市管理的边缘，由此引发诸多社会矛盾与问题。新的历史条件下，农民工城镇化趋势不可逆转，对此，创新现有的城市管理体制机制，促进农民工向城市居民身份转变，实现城镇化健康发展，被摆到了更加重要的位置。

据国家统计局统计，2013 年全国外出农民工人数约为 1.66 亿人，[①] 我们根据相关材料估算，北上广深外来农民工总数有 2500 万人以上，占全国外出农民工总数的 15% 左右，超大城市规模庞大的农民工何去何从，是个重大的社会问题。对此，本研究对超大城市外来农民工治理提出以下几方面启示。

第一，超大城市单纯地控制与排斥包括农民工在内的外来人口并不能解决人口规模快速增长的压力。事实上，在过去几十年间超大城市人口规模不断突破控制的上限，其重要原因就是如本研究所指出的那样，超大城市有充足的就业机会与岗位，以及劳动力市场更加规范，对劳动者的权益更有保障，这吸引着源源不断的外来人口进入超大城市就业。作为政府部门显然难以用行政手段限制外来人口进入。事实上超大城市也需要大量外来人口，这其中包括农民工。在此背景下，单纯地控制与排斥对控制人口的成效是微乎其微的。

---

① 国家统计局：《2013 年全国农民工监测调查报告》，http://www.stats.gov.cn/tjsj/zxfb/201405/t20140512_551585.html。

第二，超大城市对外来人口的控制，与其控，不如疏。我们认为城市化过程是社会结构深刻变动的过程，是资源与机会重新配置的过程。基于这样的思路，我们认为超大城市既要保障农民工市民化权益，又要控制住人口规模，需要在资源与机会的配置上，适当做减法，但是减法不是直接减掉与居民生活密切相关的低端服务性行业（也是农民工密集就业的行业），而是拿掉一些优质行业资源，比如制造业、教育、医疗部门，通过外移使得包括农民工在内的外来从业人员随之外流，同时也增加其他城市对人口迁入的吸引力，这是分散超大城市人口集中的一个着力点。

第三，超大城市作为国家中心，需要跳出城市本身，以更加宽阔的区域空间为依托来统筹人口的合理布局。北上广深这四座超大城市分别位于中国的环渤海圈、长三角和珠三角，是中国经济最发达的地区，对区域和全国具有极强的辐射力。在北上广深有近70%的农民工主要是来自周边省份。以超大城市为中心，以点带面，带动周边中小城市发展，对超大城市人口在更大空间合理分布、实现区域协同、推进城市化有重要的意义。以京津冀为例，这一地区既包括北京这样的超大城市，也包括各类大中小城市和城镇，如何通盘考虑"严格控制""合理确定""有序放开""全面放开"四种机制模式，使得人口在城市化和工业化进程中合理布局极为重要，当然这从根本上需要重新统筹资源与机会在京津冀的合理配置。作为资源与机会最丰富的北京，通过城市功能调整来转移和调整人口数量，是需要认真思考的。

总之，超大城市作为中国经济最发达的地区，吸引着包括农民工在内的大量外来人口。在解决农民工市民化方面，本研究认为超大城市具有引导性的作用，以超大城市为点，带动区域内的中小城市发展，进而实现农民工的市民化，对超大城市人口控制与分流和推进城市化而言，是一条极具探讨性的道路。

目 录

第一章　超大城市农民工职业
地位获得状况

一　问题的提出

在社会学的社会分层与社会流动研究中，探讨人们职业地位获得的影响因素，始终是一个重要课题。职业是判别人们阶层身份归属的主要标准，职业地位获得是人们社会经济地位实现的核心体现。由社会分工产生的职业地位差别，意味着占有资源的不同、资源交换形式的不同以及交换收益的不同，职业已经成为社会成员获得利益的主要来源。[①] 随着中国快速城市化和工业化进程的发展，当今中国社会的阶层分化已经越来越趋向于表现为职业的分化。[②]

---

① 朱力：《我国社会阶层结构演化的趋势》，《社会科学研究》2005 年第 5 期。
② 陆学艺：《当代中国社会阶层研究报告》，社会科学文献出版社，2002，第 7 页。

在当前中国，越来越多的农民离开传统农业而转变为农民工，形成了中国社会的一支"流动劳动力"生力军。如今农民工已在城市中从事着各种各样的职业，这样发展的结果势必影响中国的社会分层。[①] 而且，农民工群体进入城市劳动力市场，在不同行业从事不同工作，也势必会产生自身群体的分化。对此，有研究指出，随着中国城市化的发展，农民工群体已出现分层现象。[②] 可以说，农民工通过跨越地域空间的流动，已开始实现职业地位的社会流动。不过，在自由流动日趋开放的今天，农民工地域流动与社会流动的现状与趋向并不相同。有的农民工流向了北上广深这样的超大城市，有些则流向了"非超大城市"。而且，他们在城市中的工作生活状况也不尽相同，有些人在职业地位上走得"较高"，有些则走得"偏低"。在对一些超大城市农民工职业的探讨方面，有研究指出，以农民工为重要主体的外来人口已呈现阶层分化态势，农民工更多的是构成了较低职业阶层的主体。[③]

那么，当前农民工的职业地位获得状况如何？又会有哪些因素影响农民工群体的职业地位获得？尤其是对于北京、上海、广州和深圳这样农民工密集的超大城市，农民工群体的职业地位获得又表现出怎样的特征？对此问题的探讨，不仅能够对传统社会分层理论的当下解释有所回应，更能够有助于理解当前中国超大城市农民工的就业现状，因此，研究将具有十分重要的理论和现实意义。本章将使用"国家卫计委流动人口动态监测数据"（2013 年），对此问题做尝试性的实证分析。

---

① 李强：《农民工与中国社会分层》，社会科学文献出版社，2004。
② 谢建社：《农民工分层：中国城市化思考》，《广州大学学报（社会科学版）》2006 年第 10 期。
③ 赵卫华：《北京市社会阶层结构状况与特点分析》，《北京社会科学》2006 年第 1 期。

二　农民工职业地位获得的理论分析

职业地位获得指的是人们通过社会流动，以实现某一职业位置的达成。职业地位获得在社会学中的研究始于美国学者布劳和邓肯的研究，他们指出个人的教育水平等后致性因素对职业地位达成具有重要影响，之后很多学者通过实证方法发展了该理论模型，也有学者对模型进行了修正及完善。[①] 综合关于职业地位获得的研究，可以看出影响人们职业地位获得的因素主要包括个体因素及制度因素等方面，这与人口社会学理论中对影响人口职业结构的因素分析是一致的。[②] 因此，本章对农民工职业地位获得的分析也将主要从这些层面展开。

（一）个体因素

性别和年龄等因素作为人口学上的个体特征，往往对人们的职业差异造成影响。[③] 对于农民工而言，传统农村社会对于男女分工的规范，往往使得男性成为家庭主要的经济来源，现实中男性农民工也较早地流动，这就可能使得他们的职业地位获得与女性农民工之间存在差异。而由年龄因素产生的新老农民工代际职业分化，在当前也往往成为社会的重要讨论话题。有研究指出，在对流动农民的职业获得影响因素方面，年龄和职业经历更容易使其利用市场机制获得职业地位。[④] 家庭人口数是影响农民工职业地

[①] 周怡：《布劳－邓肯模型之后：改造抑或挑战》，《社会学研究》2009 年第 6 期。

[②] 佟新：《人口社会学》，北京大学出版社，2014，第 207～209 页。

[③] 王胜今、许世存：《流动人口职业结构差异的影响因素分析——以黑龙江省为例》，《社会科学战线》2013 年第 5 期。

[④] 王毅杰、童星：《流动农民的职业获得途径及其影响因素》，《江苏社会科学》2003 年第 5 期。

位获得的重要个体因素，这其中不仅涉及婚姻对职业的影响，也涉及家庭人口的多少对职业选择的影响。此外，教育是重要的"后致性"个体因素，其影响在"布劳－邓肯"模型及其讨论中已得以充分说明。而在针对流动人口（或农民工）的职业地位获得的影响因素研究方面，多数指出城乡流动人口的教育等人力资本对其社会经济地位获得有重要的影响。①

（二）制度因素

户籍制度作为中国社会的一项基本制度安排，已经对中国的社会分层和流动产生了重大影响。② 对于流动的农民工而言，持有的农村户籍一直是其进入城市正规劳动力市场的重要阻碍，这其中不乏对"农村人"的就业歧视现象。因此，户籍仍将是影响农民工城市就业的重要因素，甚至会使其产生与非农业户籍的流动人口之间的职业结构差异，已有研究指出，非农业户籍的流动人口比农民工更容易位于职业的中上层，户籍的地域性质对流动人口职业分层具有重要影响。③此外，由户籍制度衍生的"居住证"和"暂住证"制度也不能忽视。尤其是在北上广深这样的超大城市，"居住证"和"暂住证"不仅体现了流动人口的城市就业结果，而且往往成为职业流动及职业地位获得的重要"凭证"。因此，对于"居住证"或"暂住证"的持有与否，对农民工的职业地位获得也会产生重要影响。

---

① 相关研究参见：赵延东、王奋宇：《城乡流动人口的经济地位获得及决定因素》，《中国人口科学》2002年第4期；姚先国、俞玲：《农民工职业分层与人力资本约束》，《浙江大学学报（人文社会科学版）》2006年第5期；符平、唐有财、江立华：《农民工的职业分割与向上流动》，《中国人口科学》2012年第6期。
② 陆益龙：《户口还起作用吗——户籍制度与社会分层和流动》，《中国社会科学》2008年第11期。
③ 朱静、侯慧丽：《流动人口的职业结构与分层机制》，《兰州学刊》2010年第6期。

（三）时空因素

很多研究都对社会资本或社会网络对农民工的职业地位获得进行了讨论，本书认为其背后的主要逻辑就是时空结构。时空结构是社会的基本结构（或基础性结构），参与形成和建构了社会的生产和再生产结构，以及形形色色的制度结构和观念结构，是构成社会现实的因素。① 可以说，人们所处的时空结构直接导致了其社会资本的形成，随着空间的扩大和时间的积累，人们会掌握越来越多的社会资本。对于流动的农民工而言，他们离开农村进入城市，随着在城市时间的积累，生活和工作的经历也会不断丰富，这会扩展他们的社会资本，进而影响他们的职业地位获得。在时间方面，农民工进入城市的工作时间长短会影响他们的工作经验，也会影响他们在城市社会网络的建构。在空间方面，流动地域范围的大小反映了他们物理流动的能力，也反映其保持有效社会网络的能力。因此，时空因素也将是影响农民工职业地位获得的重要因素。

基于以上理论分析，可以得出，个体因素（性别、年龄、教育等）、制度因素（户籍、居住证等）、时间因素（工作年限等）以及空间因素（地域范围等），都可能会对农民工的职业地位获得产生作用，本书将主要针对这四方面因素对农民工职业地位的影响进行探讨。在职业地位的分析方面，将职业地位的衡量划分为两个层面，一是在就业身份中处于"自雇－被雇"位置，二是具体的职业类别。前者直接体现了职业地位关系，表示农民工在雇用关系中职业分化的就业主体性特征，后者则直接表示了职业分层的结果。

---

① 景天魁：《中国社会发展的时空结构》，《社会学研究》1999 年第 6 期。

三 农民工的就业身份状况分析

在分析数据的调查分类当中，流动人口的就业身份被分为"雇主""自营劳动者""雇员"及"家庭帮工"四个类别。根据就业身份在雇用关系中的地位，"雇主"和"自营劳动者"表示了"自雇"地位，而"雇员"和"家庭帮工"主要表示了"被雇"地位，由此可划分为"自雇－被雇"两个大类。由表 1－1 的统计结果可以看出，在全国范围内的被调查农民工中，就业身份为"雇员"和"自营劳动者"的比例较高，分别是 56.3% 和 32.0%，"雇主"和"家庭帮工"的比例则很低，分别是 8.6% 和 3.1%，整体上处于"自雇"地位的比例（40.6%）要低于"被雇"地位的比例（59.4%）。如果将北上广深超大城市区分来看，则可以看出，与非北上广深城市类别相比，"雇主"和"家庭帮工"的比例方面并没有太大差别，而在"雇员"身份上，北上广深要高出近 10 个百分点，"自营劳动者"的比例要低近 10 个百分点。这样形成的结果就是，北上广深的"自雇"农民工比例（31.5%）与"被雇"农民工比例（68.5%）之间的差距（37 个百分点）要高于非北上广深地区的差距（17 个百分点）。由此，可以看出，当前农民工流入超大城市，更多的是获得"被雇"的就业身份。

表 1－1 农民工的就业身份构成

城市类别	自雇地位		被雇地位		合计	
	雇主（%）	自营劳动者（%）	雇员（%）	家庭帮工（%）	比例（%）	频数
北上广深	8.1	23.4	65.3	3.2	100.0	13695
非北上广深	8.6	32.9	55.4	3.1	100.0	135074
合 计	8.6	32.0	56.3	3.1	100.0	148769

（一）个体因素与就业身份的关联

1. 性别因素

从表 1-2 可以看出，无论是超大城市，还是其他城市，男性农民工的数量都要多于女性，而不同性别农民工的就业身份存在差异。整体而言，男性农民工的"雇主"和"自营劳动者"比例要高于女性农民工，而"雇员"和"家庭帮工"的比例要低于女性农民工，即男性农民工更多是"自雇"身份，而女性农民工更多是"被雇"身份。这一定程度上表明了农业人口家庭中男性的主导性地位，也表明了在城市就业中，女性更容易从事被雇用的商业服务业工作，例如"家庭帮工"方面，女性的比例要高于男性很多。此外，非北上广深的"自雇"地位的女性农民工比例高出北上广深女性农民工 10 个百分点之多，而在"被雇"地位方面则呈现相反表现。如果结合前面的分析，农民工流入超大城市，更容易获得"被雇"身份，则在性别方面的表现就是，女性比男性在超大城市更容易获得"被雇"身份，而在非超大城市更容易获得"自雇"身份。

表 1-2　不同性别的农民工就业身份构成

城市类别	性别	自雇地位		被雇地位		合计	
		雇主（%）	自营劳动者（%）	雇员（%）	家庭帮工（%）	比例（%）	频数
北上广深	男性	9.4	26.0	63.7	0.9	100.0	7451
	女性	6.7	20.2	67.3	5.8	100.0	6244
非北上广深	男性	9.2	34.4	55.2	1.2	100.0	79331
	女性	7.7	30.9	55.7	5.7	100.0	55743
合　计	—	8.6	32.0	56.3	3.1	100.0	148769

2. 年龄因素

从表 1－3 可以看出，此次调查的被访农民工群体中，"80后"和"70后"的比例最大。在不同年龄群体的就业身份分布方面，各个年龄组都是"雇员"身份的比例最高。整体上看，无论是超大城市，还是非超大城市，年长的农民工更多是"自雇"地位，而年轻的农民工处于"被雇"地位，这与人们社会流动受到年龄影响相一致。不过具体来看，北上广深的"70后"和"60后及以上"农民工群体中，"自雇"身份比例超过了40%，而非北上广深的这一比例则超过了50%，这一定程度上说明在非超大城市中，年长的农民工更容易形成"自雇"地位。

表 1－3　不同年龄组的农民工就业身份构成

城市类别	年龄组	自雇地位		被雇地位		合计	
		雇主（%）	自营劳动者（%）	雇员（%）	家庭帮工（%）	比例（%）	频数
北上广深	90后	1.9	7.7	88.3	2.1	100.0	2100
	80后	7.7	20.0	69.5	2.8	100.0	5408
	70后	11.2	30.9	54.1	3.8	100.0	4213
	60后及以上	9.5	33.1	53.5	3.9	100.0	1974
非北上广深	90后	2.4	11.1	82.5	4.0	100.0	19044
	80后	8.4	29.6	59.1	2.9	100.0	47877
	70后	10.6	40.7	45.6	3.1	100.0	44705
	60后及以上	10.1	42.4	44.7	2.8	100.0	23448
合　计		—	8.6	32.0	56.3	3.1	100.0	148769

3. 教育因素

从表 1－4 可以看出，此次调查的被访农民工群体中，受教育程度为"初中"的农民工比例最大，"大专及以上"的比例最小，而北上广深的"大专及以上"农民工比例高于非北上广深。整体上看，不同受教育程度的农民工都是"被雇"身份的比例较高。但具体来看，无论是北上广深，还是非北上广深，在学历较高的农民工群体中，处于"自雇"地位的比例反而更少，这在超大城市中更为明显。结合超大城市高学历的农民工流入比例较高，可以推测，这些人更多的是形成"被雇"的身份地位。

表1-4　不同受教育程度的农民工就业身份构成

城市类别	受教育程度	自雇地位		被雇地位		合计	
		雇主（%）	自营劳动者（%）	雇员（%）	家庭帮工（%）	比例（%）	频数
北上广深	小学及以下	7.6	32.3	54.6	5.5	100.0	1605
	初中	8.2	26.1	62.2	3.5	100.0	7903
	高中或中专	8.6	16.8	72.7	1.9	100.0	3165
	大专及以上	6.6	8.7	84.0	0.7	100.0	1022
非北上广深	小学及以下	7.6	37.9	50.5	4.0	100.0	22407
	初中	8.7	35.0	53.2	3.1	100.0	79649
	高中或中专	9.5	27.0	60.8	2.7	100.0	26404
	大专及以上	6.7	14.4	77.3	1.6	100.0	6614
合　计		8.6	32.0	56.3	3.1	100.0	148769

4. 家庭人口因素

图1-1和图1-2显示了不同城市类别、不同家庭人口的农民工的就业身份分布状况。从中可以看出，无论是超大城市，还是非超大城市，家庭人口数与农民工的就业身份之间的关联具有一定的相似性，即家庭人口少，不同就业身份群体间的数量差距大，家庭人口多，则数量差距小，且家庭人口为一人的农民工更主要是"雇员"身份。不过，在"自营劳动者"方面，北上广深的两口、三口及四口之家的农民工间的数量差距不大，而在非北

上广深则差距较大，尤其是三口之家的"自营劳动者"规模较大，且在四口之家的农民工群体中占据主要位置。这样的结果一定程度上说明了，在非超大城市，一定的家庭人口数更容易保证其成为"自雇者"。

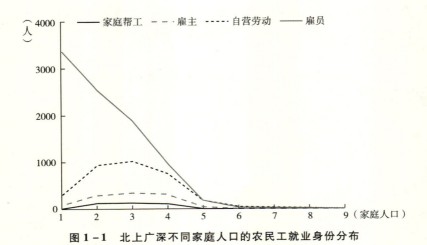

图 1-1　北上广深不同家庭人口的农民工就业身份分布

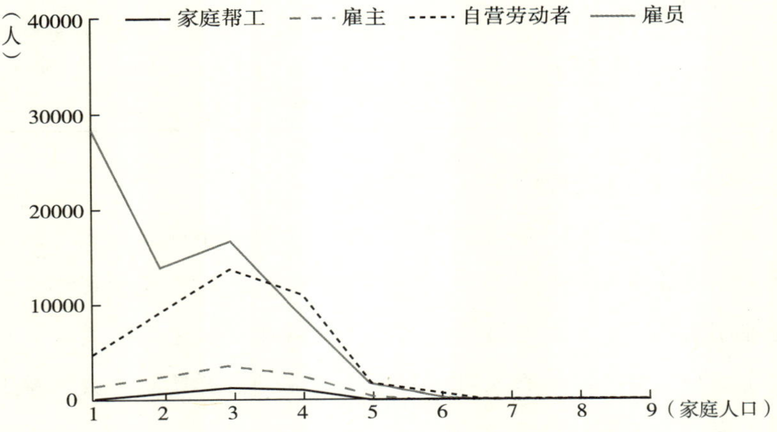

图 1-2　非北上广深不同家庭人口的农民工就业身份分布

（二）制度因素与就业身份的关联

表 1-5① 和表 1-6 表示了制度因素（户籍、居住证等）与农民工就业身份之间的关联状况。整体上看，无论是农业户籍的农民工，还是非农业户籍的流动人口，都主要是"雇员"这样的"被雇"身份。不过，分城市类别来看的话，可以发现，在北上广深中的"非农业户口"的流动人口更多地处于"被雇"地位（接近80%），而在非北上广深中"非农业户口"的流动人口，有约1/3的比例处于"自雇"地位。

表 1-5　不同户籍的流动人口就业身份构成

城市类别	户籍	自雇地位		被雇地位		合计	
		雇主（%）	自营劳动者（%）	雇员（%）	家庭帮工（%）	比例（%）	频数
北上广深	农业户口	8.1	23.4	65.3	3.2	100.0	13695
	非农业户口	9.8	11.7	77.0	1.5	100.0	3862
非北上广深	农业户口	8.6	32.9	55.4	3.1	100.0	135074
	非农业户口	10.2	23.6	64.2	2.0	100.0	21551
合　计	—	8.8	30.5	57.8	2.9	100.0	174182

表 1-6　有无居住证（或暂住证）的农民工就业身份构成

城市类别	有无居住（暂住）证	自雇地位		被雇地位		合计	
		雇主（%）	自营劳动者（%）	雇员（%）	家庭帮工（%）	比例（%）	频数
北上广深	有	8.3	23.7	64.9	3.1	100.0	12200
	无	6.7	20.6	69.2	3.5	100.0	1495
非北上广深	有	8.8	32.3	56.1	2.9	100.0	91088
	无	8.2	34.1	54.1	3.5	100.0	43986
合　计	—	8.6	32.0	56.3	3.1	100.0	148769

---

① 为了分析户籍是否对就业身份具有影响，表 1-5 将调查对象中的"非农业人口"户籍的流动人口加入进来，以便与农民工进行比较。

表1－6表示了有无居住证（或暂住证）与农民工就业身份之间的关联情况。从表1－6中数据可以看出，与非北上广深相比，北上广深农民工居住证和暂住证两证都没有的比例较低，这与超大城市对人口严格管理的措施不无关系。整体上看，在超大城市，有证农民工中"自雇"者比例（32.0%）要高于无证农民工（27.3%）；而在非超大城市，有证农民工中的"被雇"者比例（59.0%）要略高于无证农民工（57.6%）。

（三）时空因素与就业身份的关联

表1－7列出了不同地域流动范围与农民工就业身份之间的关联情况，从表1－7中数据可以看出，北上广深的农民工主要是跨省流入这些超大城市，而本省内的流动人数很少，在非北上广深的农民工不同流动范围的规模大致相当。不过，尽管北上广深省内流动的人数较少，却比"跨省流动"的农民工成为"自雇者"的比例要大，通过"跨省流动"流入超大城市的农民工更多的还是处于"被雇"地位。

表1－7　不同地域流动范围的农民工就业身份构成

城市类别	地域流动范围	自雇地位		被雇地位		合计	
		雇主（%）	自营劳动者（%）	雇员（%）	家庭帮工（%）	比例（%）	频数
北上广深	跨省流动	7.8	23.0	66.1	3.1	100.0	12764
	省内流动	13.1	28.6	54.8	3.5	100.0	931
非北上广深	跨省流动	8.8	30.6	57.5	3.1	100.0	67146
	省内流动	8.4	35.1	53.4	3.1	100.0	67928
合　计		8.6	32.0	56.3	3.1	100.0	148769

图1－3和图1－4显示了不同城市类别的农民工在流入地工

作时间就业身份分布。可以看出，不同城市类别的农民工就业身份分布具有相似特征，即工作年限短的农民工群体占多数，且主要是"被雇"身份。而随着在本地工作时间的增加，不同就业身份间的数量差距在缩小。

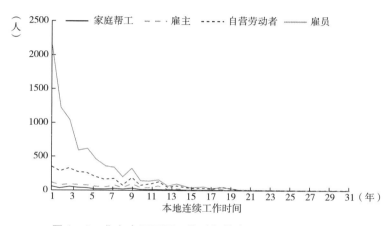

图 1-3 北上广深不同工作时间的农民工就业身份分布

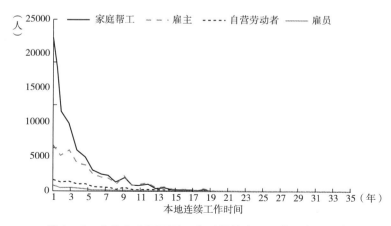

图 1-4 非北上广深不同工作时间的农民工就业身份分布

（四）农民工就业身份影响因素的回归分析

为了更清晰地分析不同影响因素对农民工就业身份的影响程度，下面将不同的影响因素作为自变量纳入回归方程进行分析①。从回归方程的分析结果不难看出，前文所述的影响因素对流动人口（包括农民工）就业身份的形成均具有显著作用。

在个体因素方面，男性流动人口更容易形成"自雇"身份，相对于"60后及以上"年龄的农民工，年轻的流动人口更容易形成"被雇"身份，也就是更多为他人打工。在受教育程度方面，相对于"大专及以上"的高学历流动人口，低学历的流动人口更容易形成"自雇"身份，而家庭人口数较多的流动人口，也更容易成为一个"自雇者"。

在制度因素方面，"非农业户口"的流动者，其中的农民工更容易形成"自雇"身份，这与他们能够从事的职业有很大的关系。而持有"居住证（或暂住证）"的流动人口，则更容易成为一个"被雇者"，或者说，城市中很多职业的获得，需要某些证件，也更容易进入正规劳动力市场。相反，很多没有证件的农民工，则需要自身的努力去维持生活，在难以进入正规劳动力市场之后，"自雇"这样的方式便成为他们的选择。

在时空因素方面，相比非北上广深城市地区，北上广深的流

---

① 为了便于比较，回归方程将流动人口的全样本进行分析。在因变量处理上，将就业身份做二分的虚拟变量处理，具体操作化是：自雇 = 1，被雇 = 0。在自变量处理上，将性别、城市类别、户口、居住证（或暂住证）、地域流动范围做虚拟变量处理，年龄和受教育程度做分类变量处理，家庭人口数和流入地工作年限作为连续变量处理，具体操作化是：男性 = 1，女性 = 0；北上广深 = 1，非北上广深 = 0；居住证（或暂住证）有 = 1，无 = 0；跨省流动 = 1，省内流动 = 0；90后 = 1，80后 = 2，70后 = 3，60后及以上 = 4；小学及以下 = 1，初中 = 2，高中/中专 = 3，大专及以上 = 4。

动人口更容易形成"被雇"身份，而"跨省流动"的流动人口也比"省内流动"者更容易形成"被雇"身份。换而言之，流动的较远或流入超大城市的流动人口，更多的是为他人打工，这或许与他们的自身条件与社会网络等有紧密联系。而随着在流入地的工作年限增加，流动人口会积累较多的生活工作经验以及社会资本等，也更容易成为一个"自雇者"。

表 1 - 8　流动人口就业身份的影响因素分析（二元 logistic 模型）

自变量	"自雇 - 被雇"的二分因变量			
	回归分析模型			
	B	S. E.	df	Exp（B）
性别（男性 =1）	.204****	.011	1	1.227
年龄分组（参照组：60 后及以上）			3	
90 后	- 1.417****	.024	1	.242
80 后	- .348****	.016	1	.706
70 后	- .048***	.015	1	.954
受教育程度（参照组：大专及以上）			3	
小学及以下	.733****	.027	1	2.081
初中	.920****	.023	1	2.508
高中/中专	.794****	.024	1	2.212
家庭人口数	.343****	.005	1	1.409
城市类别（北上广深 =1）	- .367****	.019	1	.693
户口（农业户口 =1）	.086****	.017	1	1.090
居住证或暂住证（有 =1）	- .101****	.012	1	.904
地域流动范围（跨省流动 =1）	- .124****	.011	1	.883
流入地工作年限	.036****	.001	1	1.037
常数	- 2.020****	.030	1	.133
Chi - square	24204.201****			
拟 R^2	0.176			
N	174182			

注：* P < 0.05，** P < 0.01，*** P < 0.005，**** P < 0.001。

四 农民工群体的职业分层状况分析

  课题组根据职业调查分析数据，将农民工的职业类别进行归类整理，形成关于农民工的职业分层结果。新的职业分层类别分别是：单位负责人、私营企业主、专业技术人员、办事人员、个体户、商业服务业人员、工人、其他职业。从表1-9的数据统计结果可以看出，整体上农民工主要从事的是个体户、商业服务业人员及工人的职业，而作为职业分层中的"白领"工作，管理人员、技术人员及办事人员的比例非常低。这表明农民工的职业地位仍处于社会分层体系中的偏下层。如果从城市类别来看，就能够发现，北上广深的农民工从事"专业技术人员""商业服务业人员"的比例高于非北上广深，而"个体户"比例低于非北上广深，这与前面分析的就业身份状况相一致。

表1-9 农民工的职业结构

城市类别	职业分层								合计	
	单位负责人（%）	私营企业主（%）	专业技术人员（%）	办事人员（%）	个体户（%）	商业服务业人员（%）	工人（%）	其他职业（%）	比例（%）	频数
非北上广深	0.2	8.8	3.8	0.5	33.8	25.3	25.1	2.5	100.0	131633
北上广深	0.3	8.4	6.1	0.8	24.0	31.6	27.6	1.2	100.0	13323
合 计	0.2	8.8	4.0	0.6	32.9	25.9	25.3	2.4	100.0	144956

  从前文的分析可以看出，个体因素、制度因素以及时空因素都会影响流动人口就业身份的获得。同样，从关于人们职业地位获得的已有研究中也可以获知，这些因素也可能会影响农民工的

职业分层。为此，我们将这些因素纳入回归模型①中，具体分析不同因素的影响作用。从表1-10的回归模型分析，可以看到如下结果。

（一）个体因素影响

个体因素几乎对每一类职业的影响都是显著的，但对不同职业的影响效果不同。在性别方面，除了"办事人员"和"商业服务业人员"以外，男性流动人口在其余职业从业的发生比都高于女性。在年龄方面，年轻的流动人口更容易成为"专业技术人员""商业服务业人员"和"工人"，这与前文分析的更容易形成"被雇"身份是一致的。在受教育程度方面，低学历的流动人口更容易从事"个体户"和"工人"职业，而受教育程度较高的流动人口则更容易成为"单位负责人""专业技术人员"和"办事人员"。从这点可以看出，教育依然是流动人口踏入"白领"阶层的重要影响因素。在家庭人口数方面，人口较多的家庭更容易成为"私营企业主"和"个体户"，这与前文分析的更容易形成"自雇"身份也是一致的。

（二）制度因素影响

作为主要制度因素的户籍，除对"商业服务业人员"无显著影响外，对流动人口其余的职业获得均有显著影响。具体来看，和"非农业户口"的流动人员相比，"农业户口"的流动人员，即农民工更容易成为"个体户"和"工人"。而持有居住证或暂住证除对"单位负责人"和"办事人员"无显著影响外，对其余

① 根据职业变量的定类变量性质，回归采用多项Logistic回归模型进行检验。回归分析时，将"其他职业"类别作为因变量的参照组，并通过对数发生比Exp（B）值的比较，分析不同因素影响发生率的大小。

表1-10 流动人口职业分层的影响因素分析（多项 Logistic 模型）

因变量：职业分层

回归分析模型（参考类别：其他职业）

自变量	单位负责人	私营企业主	专业技术人员	办事人员	个体户	商业服务业人员	工人
性别：男性	1.356**** (.083)	1.261**** (.036)	1.803**** (.040)	.599**** (.058)	1.194**** (.034)	.667**** (.034)	1.499**** (.034)
年龄分组（参照组：60后及以上）							
90后	.501**** (.191)	.297**** (.077)	1.676**** (.078)	.877 (.135)	.384**** (.065)	1.950**** (.064)	1.349**** (.064)
80后	.819 (.123)	.997 (.054)	1.928**** (.064)	1.405*** (.103)	.975 (.050)	1.620**** (.051)	1.378**** (.051)
70后	.821 (.121)	1.211**** (.051)	1.443**** (.063)	1.041 (.105)	1.150*** (.047)	1.280*** (.049)	1.304**** (.048)
受教育程度（参照组：大专及以上）							
小学及以下	.022**** (.291)	.627**** (.081)	.071*** (.092)	.017**** (.220)	1.514**** (.075)	.566**** (.074)	1.351**** (.075)
初中	.079**** (.134)	1.330**** (.070)	.177**** (.068)	.058*** (.104)	2.547**** (.066)	1.102 (.063)	1.808**** (.065)
高中/中专	.322**** (.113)	1.822**** (.074)	.411**** (.071)	.311*** (.088)	2.490**** (.070)	1.521**** (.068)	1.633**** (.070)

续表

因变量：职业分层

回归分析模型（参考类别：其他职业）

自变量	单位负责人	私营企业主	专业技术人员	办事人员	个体户	商业服务业人员	工人
家庭人口数	.951 (.036)	1.047*** (.015)	.726**** (.017)	.814**** (.027)	1.099**** (.014)	.754**** (.014)	.752**** (.014)
城市类别：北上广深	1.496*** (.137)	1.334**** (.075)	2.223**** (.076)	2.219**** (.100)	1.104 (.072)	2.167**** (.071)	1.315**** (.072)
农业户口	.318**** (.098)	.890* (.055)	.696*** (.056)	.448**** (.073)	1.228**** (.052)	.970 (.052)	1.381*** (.053)
有居住证或暂住证	1.060 (.084)	1.397**** (.038)	1.418**** (.042)	1.094 (.061)	1.284**** (.035)	1.405**** (.035)	1.659*** (.035)
地域流动范围：跨省流动	.088*** (.137)	1.169**** (.038)	1.176**** (.041)	.762**** (.064)	.977 (.035)	.748**** (.035)	1.775**** (.035)
流入地工作年限	1.079**** (.009)	1.058**** (.005)	1.056**** (.005)	1.073**** (.007)	1.047*** (.004)	.999 (.004)	1.013*** (.004)
常数	.414* (.177)	.387**** (.094)	1.586**** (.100)	1.575**** (.141)	.912**** (.088)	2.745**** (.087)	1.016**** (.088)
Chi - square			53179.632****				
拟 R^2			.280 (.191)				
N			170009 (.123)				

注：* P<0.05，** P<0.01，*** P<0.005，**** P<0.001。括号内为标准误。

的职业均有显著影响，且是存在更大可能性获得其余的那些职业
地位。

（三）时空因素影响

在城市类别方面，北上广深的超大城市因素除对"个体户"
无显著影响外，对其余的职业均有显著影响，且发生比均高于非
北上广深，尤其在"专业技术人员""办事人员"和"商业服务
业人员"方面的发生比更高，这从侧面说明了超大城市对这些类
别职业的需求更大。在地域流动范围方面，与"省内流动"相
比，"跨省流动"的流动人口更容易成为"私营企业主""专业技
术人员"和"工人"。而在流入地的工作年限除对"商业服务业
人员"无显著影响外，对其余的职业获得均有显著影响，这一方
面表明了"商业服务业人员"可能对工作经历的要求不高，也表
明了流动人口积累的工作经验对多数职业的获得都产生积极的
作用。

五　结果讨论

本章通过对调查数据的分析，探讨了个体因素、制度因素以
及时空因素对农民工职业地位获得的影响，并聚焦于北上广深这
样的超大城市。从上述的分析可以看出，个体因素（性别、年龄、
教育以及家庭人口）、制度因素（户籍、居住证或暂住证）以及
时空因素（流入地工作年限、地域流动范围）都对以农民工为主
体的流动人口职业地位获得具有显著的影响作用。以北上广深与
非北上广深的比较结果可以看到，超大城市农民工职业地位获得
具有如下特征。

第一，超大城市农民工获得的职业地位"偏低"，依然徘徊

于城市的次级劳动力市场。整体上看，农民工所从事的职业主要是"商业服务业人员""个体户"以及"工人"，其次是"私营企业主"和"专业技术人员"，但也都不超过10%，再就是"单位负责人"和"办事人员"，其比例不超过1%。可以说，农民工在职业地位获得方面更主要成为城市的偏低阶层。一方面，对于同样都是城市的外来者，农民工比"非农业户口"的流动人口更容易从事"个体户"职业，这样的"自雇"职业更多是由那些受教育程度低和家人口较多等的老一代农民工承担，是被排斥在城市正规劳动力市场之外的。另一方面，"被雇"的"商业服务业人员"和"工人"成为年轻一代农民工的主要职业选择，前者更容易为女性农民工获得，而后者则更容易为男性农民工获得，但这些职业依然位于城市职业结构中的低端。

第二，超大城市的农民工更有可能成为"被雇"的"白领"，但人力资本提升是重要条件。除了"私营企业主"和"个体户"之外，北上广深超大城市农民工在"单位负责人""专业技术人员""办事人员"的职业比例上均高于非超大城市。也就是说，如果将这三种职业看作"白领"阶层的话，那么农民工流入超大城市就更有可能成为"被雇"的"白领"。不过，这样的职业地位获得，却受到农民工教育和工作经历等因素的影响，也就是说，那些受教育程度较高、在城市工作时间较长的农民工，更有可能突破制度限制而获得较好的职业地位，这一定程度上体现了人力资本的重要作用。

第二章　超大城市农民工
就业状况

　　改革开放以来，农民工顶着户籍制度藩篱大量拥入城市，为城市的建设和发展做出了重大贡献。据国家统计局统计，2014 年我国农民工数量已经达到了 2.73 亿①，大规模农民工外出务工的主要动机是通过非农就业获取较高收入以改善生活。

　　北上广深是中国经济社会最发达的城市，由于就业机会多，收入较之其他地区高，而成为农民工最主要流入的区域。那么，北上广深农民工的就业状况如何，本章拟通过国家卫计委"2013年全国流动人口动态监测"数据对此展开分析。

一　北上广深农民工的基本情况

（一）北上广深农民工的年龄分布

　　由表 2 - 1 的数据可知，在北上广深工作的农民工年龄均值为

---

　　①　数据来自《2014 年全国农民工监测调查报告》，http：//www. stats. gov. cn/tjsj/zxfb/201504/t20150429_ 797821. html。

32.4 岁，而全国农民工的平均年龄为 38.3 岁①，可见在北上广深工作的农民工较全国平均水平更为年轻。这与北上广深拥有丰富的经济与社会资源以及巨大的发展机会有关。这些对年轻的农民工有着更强的吸引力，而对于年轻的农民工而言，他们趁着年轻在大城市打拼几年也合乎一般人的逻辑。

表 2-1　北上广深农民工的年龄组分布

单位：人

城　　市	90 后	80 后	70 后	60 后	50 后
北京市	979	2358	1740	790	113
上海市	892	2353	1929	874	114
广州市	299	728	531	173	11
深圳市	199	847	461	108	10
总　　计	2369	6286	4661	1945	248

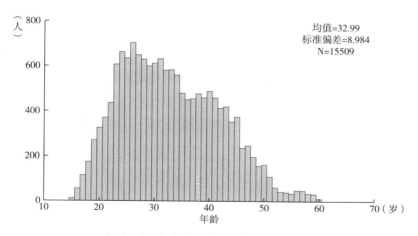

图 2-1　北上广深农民工年龄分布示意

---

① 数据来自《2014 年全国农民工监测调查报告》，http：//www.stats.gov.cn/tjsj/zxfb/201504/t20150429_ 797821.html。

（二）农民工的性别分布

在此次调查的数据中，北上广深农民工中男性占了 49.7%；女性占了 50.3%，男性比女性稍少一些。考虑农民工在不同年龄段的性别分布，由图 2 - 2 可知 20 ~ 30 岁的男性比女性少很多，而其他年龄段的男女比例相对来说比较平衡。

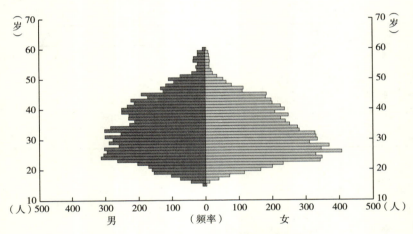

图 2 - 2　北上广深农民工男女的年龄分布

（三）北上广深农民工的籍贯分布

由表 2 - 2 的数据可知，流入北上广深的农民工大多来自华北、华中、华南以及部分西南地区。分城市来看，在北京打工的农民工主要来自河北、安徽、山东、河南，在上海打工的农民工主要来自江苏、安徽、河南、四川，在广州打工的农民工主要来自湖南、湖北、广东、四川；在深圳打工的农民工主要来自湖南、湖北、广东、四川。可见北上广深农民工分布有很强的地域性，北京的农民工以离北京较近的河北、山东为主，上海的农民工以离上海较近的安徽、江苏为主，广州、深圳的农民工以离它们较近的湖北、广东为主，河南与四川到这四个城市的距离相差不大，导致来自河南和四川的农民工在北上广深分布得较为平均。

表2-2 北上广深农民工的籍贯分布（只包含了整体占比较大的省份）

单位:%

城 市	河北	江苏	安徽	山东	河南	湖北	湖南	广东	四川
北京市	23.4	1.9	7.5	14.0	17.4	4.2	1.6	0.2	4.5
上海市	0.5	14.3	35.1	4.7	8.3	4.1	2.3	0.6	7.6
广州市	0.6	0.3	1.8	0.8	5.5	8.6	20.6	28.4	7.2
深圳市	0.2	0.3	1.8	0.8	6.5	8.4	12.3	36.4	5.8
北上广深总计	9.3	6.5	17.1	7.4	11.3	5.1	5.1	7.3	6.2

（四）北上广深农民工的受教育情况

整体来看，农民工受教育水平不高，专科及以上教育水平的农民工只占到了18.65%，而初中及以下的教育水平占到了58.28%。农民工的受教育程度大大限制了农民工收入的持续增长及职业发展。

表2-3 北上广深农民工受教育程度

单位:%

城 市	未上过学	小学	初中	高中	中专	大学专科	大学本科	研究生
北京市	0.81	7.86	45.84	17.82	6.35	10.42	9.63	1.26
上海市	1.71	11.06	48.72	13.73	5.83	9.19	3.65	1.10
广州市	0.55	7.45	55.45	16.45	8.75	8.45	2.85	0.05
深圳市	0.40	4.10	50.95	21.55	8.95	9.95	3.85	0.25
总 计	1.1	8.72	48.46	16.43	6.64	9.69	7.98	0.98

二 北山广深农民工的职业状况

（一）北上广深农民工的职业分布

由表 2-4 的数据可知，诸如国家机关、党群组织、企事业单位负责人与专业技术人员这些地位较高的职业，农民工拥有的比例极低，只占到总数的 6.7%。诸如家政、保洁、保安之类低端服务业在农民工中也并没有想象得那么多，总计只占到总数的 11.3%。而农民工从事的主要职业是餐饮、经商和生产，分别占到总数的 10.5%、17.3% 和 18.0%。因此在北上广深工作的农民工职业地位不高，但是真正从事最低端服务业的比例也不高。

表 2-4 北上广深农民工的职业分布

单位:%

职　业	北京市	上海市	广州市	深圳市	总计
国家机关、党群组织、企事业单位负责人	0.2	0.6	0.1	0.1	0.4
专业技术人员	4.4	6.0	6.0	9.8	6.3
办事人员和有关人员	0.6	1.0	0.5	1.5	0.8
经商	19.9	11.8	18.0	25.7	17.3
商贩	5.5	4.2	5.2	2.6	4.7
餐饮	11.6	7.8	10.2	5.7	10.5
家政	0.5	1.0	0.3	0.2	0.9
保洁	1.4	1.9	1.9	0.9	2.5
保安	1.1	1.3	1.4	1.5	1.6
装修	4.2	3.4	1.3	2.1	3.3
其他商业、服务业人员	15.9	15.9	17.1	17.1	19.2

续表

职　　业	北京市	上海市	广州市	深圳市	总计
农、林、牧、渔水利业生产人员	2.8	1.9	0.8	0.3	1.3
生产	15.2	23.9	28.8	22.1	18.0
运输	2.8	3.7	1.1	2.9	2.7
建筑	5.4	3.9	0.9	1.2	3.0
其他生产、运输设备操作人员及有关人员	4.4	9.2	4.1	4.2	5.4
无固定职业	3.1	1.5	1.9	1.2	1.3
其他	0.9	1.3	0.5	0.9	0.9

（二）职业分布与年龄、性别、受教育程度的交叉分析

表 2-5　职业分布与性别、平均年龄和平均受教育程度交叉分析

职　　业	男（%）	女（%）	平均年龄（岁）	平均受教育年限（年）
国家机关、党群组织、企事业单位负责人	60.4	39.6	32.5	12.3
专业技术人员	67.0	33.0	29.3	13.1
办事人员和有关人员	38.3	61.7	28.2	13.4
经商	56.1	43.9	35.0	10.1
商贩	48.5	51.5	35.9	9.3
餐饮	45.9	54.1	31.1	9.5
家政	7.3	92.7	38.1	8.3
保洁	26.0	74.0	41.0	8.5
保安	91.4	8.6	33.9	10.2
装修	85.3	14.7	36.2	9.6
其他商业、服务业人员	43.1	56.9	30.3	11.2
农、林、牧、渔水利业生产人员	60.2	39.8	40.1	6.7
生产	51.3	48.7	30.3	9.3

续表

职 业	男 （%）	女 （%）	平均年龄 （岁）	平均受教育年限 （年）
运输	87.2	12.8	34.0	9.4
建筑	91.4	8.6	37.1	9.1
其他生产、运输设备操作人员及 有关人员	63.1	36.9	30.5	9.7
无固定职业	49.4	50.6	33.9	9.4
其他	50.0	50.0	33.5	10.2

由表 2-5 可知，在北上广深工作的农民工中男女分布基本一致的职业是经商、商贩、餐饮、其他商业服务业人员、生产和无固定职业，男女分布女性人数多于男性的职业是办事人员和有关人员、家政以及保洁，男女分布男性多于女性的职业是国家机关党群组织企事业单位负责人、专业技术人员、保安、装修、农林牧渔水利业生产人员、运输、建筑和其他生产运输设备操作人员及有关人员。

北上广深农民工的平均年龄较为年轻的职业是专业技术人员与办事人员和有关人员，分别为 29.3 岁和 28.2 岁，平均年龄较为年长的职业是保洁与农林牧渔水利业生产人员，分别为 41.0 岁和 40.1 岁。

北上广深农民工的受教育年限为 9.9 年，其中受教育程度较高的是国家机关党群组织企事业单位负责人、专业技术人员与办事人员和有关人员，分别达到了 12.3 年、13.1 年与 13.4 年。受教育程度较低是农林牧渔水利业生产人员，只有 6.7 年，其他职业的受教育程度均在平均值附近。

（三）北上广深农民工的行业分布

表 2 - 6　北上广深农民工的行业分布

单位:%

行　　业	北京市	上海市	广州市	深圳市
制造业	20.9	12.2	39.7	32.3
采掘业	1.0	0.1	0	0.1
农林牧渔	3.2	1.7	0.7	0.3
建筑	9.2	7.6	2.3	3.6
电煤水生产供应	0.6	0.4	0.2	0.4
批发零售	23.2	24.9	20.8	28.6
住宿餐饮	14.8	18.1	13.1	8.2
社会服务	11.5	15.4	8.8	8.2
金融、保险、房地产	0.9	1.4	0.6	1.8
交通运输、仓储通信	3.7	4.7	2.3	4.3
卫生、体育和社会福利	0.9	1.4	2.6	0.7
教育、文化及广播电影电视	0.7	2.4	0.7	0.9
科研和技术服务	0.8	2.3	1.9	2.8
党政机关和社会团体	0.3	0.7	0.4	0.9
其他	8.5	6.4	6.1	6.9

由表 2 - 6 可知，超过 90% 的农民工集中就业于制造业、建筑业、批发零售、住宿餐饮以及社会服务等领域，而金融、地产保险、文化、教育等方面农民工就业比例较低。制造业、建筑业、批发零售、住宿餐饮以及社会服务这几个行业进入门槛较低，对劳动技能要求不高。在北京务工的农民工在制造业的分布比例较低，只有 20.9% ，而在上海、广州和深圳务工的农民工在制造业的分布比例分别达到了 12.2% 、39.7% 和 32.3% 。出现这种差异的原因应该是北京的制造业中国企的占比很高，而农民工进入国企的难度较大。

（四）行业分布与年龄、性别、受教育程度的交叉分析

表 2 - 7 行业分布与性别、平均年龄和平均受教育程度交叉分析

行　业	男（%）	女（%）	平均年龄（岁）	平均受教育年限（年）
制造业	54.6	45.4	30.3	10.2
采掘业	66.7	33.3	27.7	12.3
农林牧渔	61.5	38.5	39.9	6.9
建筑	85.7	14.3	36.4	9.3
电煤水生产供应	58.1	41.9	34.2	9.3
批发零售	49.8	50.2	33.9	9.4
住宿餐饮	44.6	55.4	31.3	9.4
社会服务	48.5	51.5	33.5	10.1
金融、保险、房地产	59.2	40.8	30.2	13.1
交通运输、仓储通信	79.7	20.3	32.3	10.5
卫生、体育和社会福利	36.1	63.9	34.9	11.8
教育、文化及广播电影电视	26.8	73.2	30.9	13.1
科研和技术服务	59.1	40.9	29.6	13.5
党政机关和社会团体	56.3	43.8	33.7	11.8
其他	54.5	45.5	33.1	10.2

由表 2 - 7 可知，在北上广深工作的农民工中男女分布基本一致的行业是制造业、电煤水生产供应、批发零售、住宿餐饮、社会服务、金融保险房地产、科研技术服务、党政机关社会团体和其他，男女分布女性人数多于男性的职业是卫生体育和社会福利、教育文化及广播电影电视，男女分布男性多于女性的职业是采掘业、农林牧渔、建筑和交通运输仓储通信。

北上广深农民工平均年龄较为年轻的行业是采掘业与科研和技术服务业，分别为 27.7 岁和 29.6 岁，平均年龄较为年长的行业是建筑业与农林牧渔业，分别为 36.4 岁和 39.9 岁。

北上广深农民工受教育程度较高的行业是金融保险房地产业、教育文化及广播电影电视与科研和技术服务业，分别达到了 13.1年、13.1 年与 13.5 年。受教育程度较低的行业是农林牧渔业，为 6.9 年。

（五）北上广深农民工的就业身份分布

表 2-8　北上广深农民工的就业身份分布

单位:%

就业身份	北京市	上海市	广州市	深圳市	总计
雇员	60.7	69.7	68.4	62.8	65.3
雇主	8.8	6.9	8.7	9.7	8.1
自营劳动者	26.8	20.3	21.1	24.6	23.4
家庭帮工	3.7	3.1	1.8	2.9	3.2

按雇用与被雇用的关系分类，因为自营劳动者是自我雇用，所以处于雇用身份的是雇主和自营劳动者，处于被雇用身份的是雇员和家庭帮工。由表 2-8 的数据可知，在北上广深就业的农民工处于雇用身份的比例为 31.5%，处于被雇用身份的比例为 68.5%。

从性别比例上看，就业身份为雇员、雇主和自营劳动者的农民工男女分布比例较为平衡，只是雇主身份的男性比例略高，达到 62.7%，而就业身份为家庭帮工的农民工主要是女性，比例为 84.1%（见表 2-9）。

从平均年龄上看，就业身份为雇员、雇主、自营劳动者和家庭帮工的平均年龄分别为 30.9 岁、35.2 岁、35.8 岁和 34.2 岁，可以看出就业身份为自营劳动者的农民工平均年龄最大，为 35.8 岁，就业身份为雇员的农民工平均年龄最小，为 30.9 岁（见表 2-9）。

就业身份为雇员、雇主、自营劳动者和家庭帮工的平均受教育年限分别为 10.5 年、10.3 年、9.2 年和 8.2 年。其中就业身份为雇员的平均受教育年限最长，为 10.5 年，就业身份为家庭帮工的平均受教育年限最短，为 8.2 年。

表 2 - 9　就业身份分布与性别、平均年龄和平均受教育程度交叉分析

就业身份	男（%）	女（%）	平均年龄（岁）	平均受教育年限（年）
雇员	53.0	47.0	30.9	10.5
雇主	62.7	37.3	35.2	10.3
自营劳动者	60.6	39.4	35.8	9.2
家庭帮工	15.9	84.1	34.2	8.2

（六）北上广深农民工的就业单位性质

表 2 - 10　北上广深农民工的就业单位性质分布

单位:%

就业单位	北京市	上海市	广州市	深圳市	总计
土地承包者	1.0	1.6	0.8	0.4	1.2
机关、事业单位	3.1	0.7	1.4	1.8	1.9
国有及国有控股企业	4.0	3.5	2.9	2.3	3.5
集体企业	4.1	2.7	2.1	1.6	3.1
个体商业户	39.4	25.8	35.6	38.5	33.6
私营企业	34.8	42.3	34.5	41.5	38.4
港澳台企业	0.6	5.0	9.9	5.5	3.9
日、韩企业	0.3	1.2	0.8	0.7	0.7
欧美企业	0.1	1.2	0.7	0.7	0.6
中外合资企业	2.4	7.0	3.6	2.6	4.4
其他	1.3	1.1	0.8	0.7	1.1
无企业	8.8	7.8	7.4	3.6	7.7

由表 2 - 10 的数据可知，北上广深的农民工主要在个体商业户与私营企业里工作，比例分别为 33.6% 和 38.4%，而在机关事业单位工作的比例仅为 1.9%，在国有及国有控股企业工作的比例为 3.5%，在集体企业工作的比例为 3.1%，这说明北上广深的农民工在体制内就业的极少。

三 北上广深农民工的劳动关系情况

（一）北上广深农民工的就业率

表 2 - 11 北上广深农民工的就业率

单位：%

项　目	北京市	上海市	广州市	深圳市	总计
就业率	89.8	86.8	91.8	84.4	88.3

由表 2 - 11 可得，北上广深农民工总体的就业率为 88.3%，其中北京农民工的就业率为 89.8%，上海农民工的就业率为 86.8%，广州农民工的就业率为 91.8%，深圳农民工的就业率为 84.4%。广州农民工的就业率最高，深圳农民工的就业率最低。

（二）北上广深农民工的劳动时间

表 2 - 12 按城市分类农民工的就业时间情况

劳动时间	北京市	上海市	广州市	深圳市	总计
周均工作天数（天）	6.19	5.92	6.15	6.06	6.06
日均工作小时数（小时）	9.32	9.30	9.40	9.46	9.34

北上广深农民工每周的工作时间为 6.06 天，超过了正常的一周工作时间 1.06 天，每天的工作时间为 9.34 小时，也超过了正常的一天工作时间 1.34 小时。这表明了农民工加班的现象很普遍。从北

上广深四个城市之间进行比较，北京的周均工作天数最长为 6.19 天，上海的周均工作时间最短，为 5.92 天。深圳的日均工作时间最长，为 9.46 小时，上海的日均工作时间最短，为 9.30 小时。

表 2 – 13　按行业分类农民工的就业时间情况

行　业	周均工作天数（天）	日均工作小时数（小时）
制造业	5.71	9.10
采掘业	6.00	8.83
农林牧渔	6.38	9.02
建筑	6.05	9.22
电煤水生产供应	5.72	9.02
批发零售	6.52	10.00
住宿餐饮	6.25	9.48
社会服务	6.07	9.29
金融、保险、房地产	5.57	8.59
交通运输、仓储通信	5.84	9.00
卫生、体育和社会福利	5.97	8.57
教育、文化及广播电影电视	5.52	8.46
科研和技术服务	5.44	8.43
党政机关和社会团体	5.56	8.17
其他	6.05	9.12

分行业看，农民工大规模加班的事实依旧存在，只是在教育文化及广播电影电视、金融保险房地产、科研和技术服务、党团机关和社会团体有所好转，平均每周工作天数分别为 5.52 天、5.57 天、5.44 天、5.56 天，平均每天工作时间为 8.46 小时、8.59 小时、8.43 小时、8.17 小时。而工作时间较长的行业是批发零售和农林牧渔，周均工作天数为 6.52 天和 6.38 天，日均工作小时数为 10.00 小时和 9.02 小时。

表 2 - 14　按职业分类农民工的就业时间情况

职　　业	周均工作天数（天）	日均工作小时数（小时）
国家机关、党群组织、企事业单位负责人	5.23	8.63
专业技术人员	5.56	8.50
公务人员、办事人员和有关人员	5.36	8.35
经商	6.60	10.27
商贩	6.69	10.13
餐饮	6.26	9.56
家政	5.99	8.31
保洁	5.95	8.20
保安	5.81	9.27
装修	6.23	9.28
其他商业、服务业人员	5.92	9.09
农、林、牧、渔水利业生产人员	6.41	9.03
生产	5.80	9.15
运输	5.94	9.16
建筑	5.93	9.22
其他生产、运输设备操作人员及有关人员	5.73	9.00
无固定职业	5.92	8.92
其他	6.13	9.16

　　从职业来看，得到结果与行业类似，其中职业是经商和商贩的农民工工作时间相当惊人，周均工作天数达到了6.60天和6.69天，日均工作时间达到了10.27小时和10.13小时。接近于每天都在高强度工作，十分辛苦。

表 2 - 15　按就业身份分类农民工的就业时间情况

就业身份	周均工作天数（天）	日均工作小时数（小时）
雇员	5.79	8.92
雇主	6.48	10.05
自营劳动者	6.62	10.18
家庭帮工	6.61	9.95

由表 2 - 15 可知，就业身份为雇员、雇主、自营劳动者和家庭帮工的周均工作天数分别为 5.79 天、6.48 天、6.62 天和 6.61 天。就业身份为雇员、雇主、自营劳动者和家庭帮工的日均工作时间分别为 8.92 小时、10.05 小时、10.18 小时和 9.95 小时。所以处于雇用身份的农民工的工作时间较长，尤其是自我雇用的自营劳动者，而处于被雇用身份的农民工工作时间较短，家庭帮工可能因为工作形式比较松散，导致其工作时间也很长。

（三）北上广深农民工的收入情况

表 2 - 16　全国以及北上广深农民工与城镇居民月平均收入对比

单位：元

	全国	北京市	上海市	广州市	深圳市
城镇居民月均收入	2404	3659	3976	3580	3412
农民民工月均收入	2864	3309	3557	3090	3720

注：城镇居民月平均收入分别来自《中华人民共和国国民经济和社会发展统计公报》《北京市国民经济和社会发展统计公报》《上海市国民经济和社会发展统计公报》《广州市国民经济和社会发展统计公报》以及《深圳市国民经济和社会发展统计公报》。

由表 2 - 16 中的数据可知，全国农民工的月平均收入为 2864 元，北京农民工的月平均收入为 3309 元，上海农民工的月平均收入为 3557 元，广州农民工的月平均收入为 3090 元，深圳农民工的月平均收入为 3720 元。

表 2 – 17　按行业分类北上广深农民工的收入情况

单位：元

行　　业	北京市	上海市	广州市	深圳市	总体
制造业	3520	3517	2920	3653	3137
采掘业	3620	3640	2400	3213	2933
农林牧渔	2948	3384	4769	4000	2947
建筑	4423	4847	4322	4421	4235
电煤水生产供应	4134	3759	3896	5886	3421
批发零售	3926	4618	3090	4483	3920
住宿餐饮	3010	3330	3129	3551	3094
社会服务	3228	3619	4128	3292	3146
金融、保险、房地产	6018	6940	4908	5150	4430
交通运输、仓储通信	4147	4665	4807	4417	3949
卫生、体育和社会福利	3776	4316	2894	3687	2904
教育、文化及广播电影电视	4933	4701	3482	4230	3324
科研和技术服务	6072	7468	4423	5756	4479
党政机关和社会团体	2529	5311	2650	3108	2573
其他	3949	4210	2858	4230	3639

由表 2 – 17 可知，北京农民工收入较高的行业是金融保险房地产以及科研和技术服务，月均收入都超过了 6000 元；收入较低的行业是党政机关和社会团体以及住宿餐饮，月均收入在 2500 元左右，不到收入较高行业的一半。上海农民工收入较高的行业是金融保险房地产以及科研和技术服务，其中科研和技术服务行业的月均收入达到了 7468 元，收入较低的行业是农林牧渔以及住宿餐饮，月均收入分别为 3384 元和 3330 元。广州农民工收入较高的行业是金融保险房地产以及交通运输仓储通信，月均收入分别为 4908 元和 4807 元，收入较低的行业是采掘业以及党政机关和社会团体，月均收入分别为 2400 元和 2650 元。深圳农民工收入较高的行业是电煤水生产供应以及科研和技术服务，月均收入分

别为 5886 元和 5756 元，收入较低的行业是党政机关和社会团体以及采掘业，月均收入分别为 3108 元和 3213 元。

表 2-18　按就业身份分类北上广深农民工的收入情况

单位：元

就业身份	北京市	上海市	广州市	深圳市	总体
雇员	3681	3793	2944	3662	3103
雇主	5522	6924	5424	6007	5294
自营劳动者	3755	4348	3657	4427	3897

注：因就业身份为家庭帮工的农民工收入数据缺失，故没有在表中体现。

由表 2-18 可知，雇主的月均收入最高为 5294 元，其次是自营劳动者，最后是雇员。

表 2-19　按职业分类北上广深农民工的收入情况

单位：元

职　业	北京市	上海市	广州市	深圳市	总体
国家机关、党群组织、企事业单位负责人	7363	6412	5500	4380	4929
专业技术人员	5411	5793	4156	4821	4119
办事人员和有关人员	5253	4880	3538	3578	3484
经商	4543	5998	4505	4999	4532
商贩	3266	4192	3080	4049	3505
餐饮	3020	3157	2992	3501	3041
家政	2852	2987	2000	2950	2800
保洁	1990	2390	2265	2073	2146
保安	2455	2734	2524	2600	2456
装修	4336	4536	4890	4604	4411
其他商业、服务业人员	3579	3931	3360	3808	3253
农、林、牧、渔水利业生产人员	2569	3227	2369	3500	2698

38

职　　业	北京市	上海市	广州市	深圳市	总体
生产	3076	3048	2600	3228	2936
运输	3641	4468	4207	4494	4039
建筑	3872	4423	4282	4795	3869
其他生产、运输设备操作人员及有关人员	3419	3220	2959	3396	3067
无固定职业	3641	3340	2165	3308	3137
其他	4035	4732	3430	3569	3608

由表 2-19 可知，北上广深农民工具有较强的一致性，收入较高的职业是国家机关党群组织企事业单位负责人、专业技术人员、办事人员和有关人员以及装修，收入较低的职业是保洁和保安。

四　总　结

本章对北上广深农民工的就业状况进行了分析，概括来看，主要结论如下。

第一，从年龄结构来看，北上广深农民工主要是青壮年群体，35 岁以下的农民工占到总数的 61.4%，45 岁以下的农民工占到 89.6%。北上广深农民工的平均受教育年限为 9.9 年，并且年龄与受教育程度呈现负相关，年龄越轻的农民工受教育程度越高。北上广深农民工的来源地呈现就近分布的特点，北京的农民工主要来自河北、安徽、山东、河南，上海的农民工主要来自江苏、安徽、河南、四川，广州的农民工主要来自湖南、湖北、广东、四川，深圳的农民工主要来自湖南、湖北、广东、四川。

第二，北上广深农民工的平均收入为 3419 元，高于全国农民工的平均收入 2864 元，可见虽然农民工主要集中在次级劳动力市场就业，在中低端岗位就业，但是在超大城市的他们依然能够获得比流出地要高得多的收入。这决定了在目前区域差距较大的格局下农民工继续流向超大城市难以逆转。

第三，从行业分布来看，北上广深农民工从事第一产业的比重为 3.2%，高于全国水平的 0.6%；从事第二产业的比重为 31.1%，低于全国水平的 56.8%；从事第三产业的比重为 65.7%，高于全国水平的 42.6%。① 从职业分布上看，农民工主要集中在对劳动技能要求不高、进入门槛较低的职业中，诸如经商、商贩、建筑等，从事这些职业的农民工一般平均年龄偏大，受教育程度偏低。而工作条件较好的专业技术人员与办事人员和有关人员的农民工平均年龄偏小，受教育程度偏高。结合收入情况可以发现，收入较高的职业为国家机关党群组织企事业单位负责人、专业技术人员、公务人员办事人员和有关人员、装修以及经商，但是如果参考工作时间，我们发现经商和装修的农民工每周工作时间很久，小时工资并不高。

第四，从调查结果来看，北上广深农民工存在加班超时的现象，周工作小时超过法定规定。当然，和其他地区相比，这种状况又相对较好。作为全国经济社会发展的引领城市，加强用工规范，保护农民工权益，北上广深还需要进一步加强劳动法执法立法工作。

---

① 全国的数据来自《2014 年全国农民工监测调查报告》，http：//www. stats. gov. cn/tjsj/zxfb/201504/t20150429_ 797821. html。

第三章　超大城市农民工
收入状况

一　问题提出

中国农民工群体有两大突出特征，一是收入低，二是流动性强。从收入来看，图3－1列出了2002～2013年中国农民工收入的变动情况。2002年农民工月均收入为640元，到了2013年涨到2609元。从流动性来看，2014年全国农民工总数为2.74亿人，其中外出农民工有1.68亿人，占总数的61.3%。[①]

关于流动与收入之间的关联，经典的理论解释是推拉理论，这是E. G. 雷文斯坦最早提及后由唐纳德·博格（D. J. Bogue）较为系统地阐述形成的用来解释人口流动的理论。该理论的主要观点是劳动力由农村向城市流动受农村内部推力和城市拉力两种力

[①]　赵剑影：《2014年我国农民工总量增长1.9%》，《工人日报》2015年4月30日第1版。

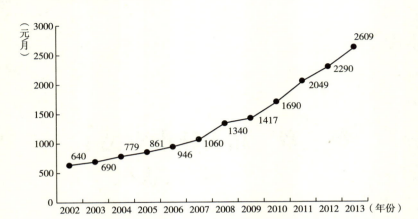

图3-1　2002~2013年中国农民工月均收入变动

注：2002~2011年数据来自周冰、袁德胜《农民工工资水平统计误差和城乡收入差距》，《南开学报》（哲学社会科学版）2014年第1期；2012~2013年数据来自《2012年全国农民工监测调查报告》，《中国信息报》2013年5月28日；《2013年全国农民工监测调查报告》，《中国信息报》2014年5月13日。

量的同时作用。① 农村推力包括自然资源枯竭、农业生产成本增加、农村剩余劳动力过剩导致失业和就业不足、低收入等，城市拉力包括较多的就业机会、较高的工资收入、较好的生活水平、较好的受教育机会、较完善的文化设施和交通条件等。

就中国农民工的流动与收入的关系而言，在城市拉力的诸多因素中，较高的收入尤其重要，农民工外出务工的一个重要原因就是获得一份较之务农或在本地区就业要高得多的收入回报，经济因素是众多农民产生迁移的重要动机。②③④ 现实情况亦

---

① 杨春瑰：《劳动力迁移的 Logistic 离散模型及其稳定性分析》，《中国农村观察》2003年第2期。

② 李强：《影响中国城乡流动人口的推力与拉力因素分析》，《中国社会科学》2003年第1期。

③ 宋林飞：《中国农村劳动力的转移与对策》，《社会学研究》1996年第2期。

④ 梁海艳：《流动人口的返乡与外出意愿研究——基于安徽、四川、河南、湖南、江西、贵州六省数据的分析》，《南方人口》2015年第1期。

是如此——农民工流出地往往是经济落后地区，而流入地则多是经济发达的地区和城市，流动目的则是务工经商。从国家卫计委2013年全国外来流动人口的调查来看（见图3-2），在农业户籍外来流动人口中，务工经商是流入调查地的首要原因，占到将近九成的比例。

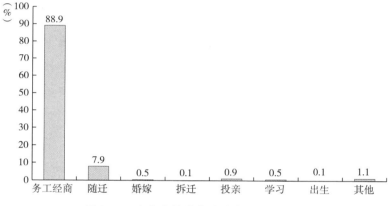

图 3-2　农业户籍外来流动人口流动原因

资料来源：2013 年国家卫计委全国流动人口调查。

　　然而推拉理论只回答了城市提供了获得更高收入的机会，而没有回答这种收入决定机制是什么。对这一问题通常的解释是，城市的工资水平要高于农村，因此农民工在流向这些发达地区之后往往能"随行入市"，获得一份较之流出地要高的工资。这一现象的本质则是城市化进程中的推拉作用，但是农民工在流入地劳动力市场中的就业是受到歧视的，在收入方面存在"同工不同酬"的现象，[①] 不过这并没有影响农民工继续流入的热情。也就是说，即使存在"同工不同酬"的现象，继续流向城市，对农民工而言其收益也是有吸引力的。那么这种现象的成

————————

① 陆学艺：《农民工问题要从根本上治理》，《特区理论与实践》2003 年第 7 期。

因是什么，其机制又是如何运行，又会有什么样的影响。这是本研究要探讨的问题。

本章将以北京、上海、广州和深圳（以下简称为北上广深）这四个中国超大城市的农民工为研究对象。之所以选择超大城市农民工为研究对象，是因为我们注意到，中国超大城市外来人口的主体，并非像许多人所想象的那样是受过良好教育的白领群体，而是以体力劳动者为主的农民工，这占到了超大城市外来人口的一半以上。大量农民工流向超大城市获得可观的收入回报，当然是其重要的原因之一。对此，分析他们的收入及与流动的关联，对揭示和引导劳动力流动具有重要的启示。

二 文献回顾与分析视角

关于收入与劳动力流动的关系，理论家们多有阐述。Larry A. Sjaastad 指出工资差异是劳动力流动的主要原因。[1] 在经济理性的驱动下，劳动力会计算在不同劳动力市场中获得就业机会的收益，再减去迁移成本，最后确定使其收益最大化的劳动力市场。[2] 中国农民工的流动在较大程度上也显示出这样的特征。但是，这种探讨没有回答为什么劳动力在流出地的收入要低于流入地，虽然一些研究提到流入地往往较之流出地经济更发达，收入水平更高，但是这样的解释并没有深入揭示其收入决定机制是什么。这亦是本研究思考的焦点。

---

① Larry A. Sjaastad, "The Costs and Returns of Human Migration," *Journal of Political Economy*, 10 (1962), pp. 80 – 93.

② 乔治·J. 鲍哈斯：《劳动经济学》，夏业良译，中国人民大学出版社，2010，第359页。

（一）劳动力市场收入决定机制：人力资本与劳动力市场分割

关于收入水平的经典理论解释是人力资本理论，其基本观点认为收入水平的主要决定因素是劳动者的人力资本禀赋，人力资本的积累是提高收入水平的重要途径。[1] 人力资本理论将收入水平的差异完全归结于劳动者个体禀赋的高低，但是有研究发现，在经济发展水平不同的地区，相同的人力资本的收益率却是不一样的。就中国农民工而言，在人力资本禀赋不变的情况下，农民工在流向发达地区后，他们的收入却会增长，也就是说人力资本的回报率得到了提升。所以，人力资本理论虽然具有较强的解释力，但是却很难解释现实生活中人力资本相同的劳动者的收入差异，尤其是在相同就业部门的相同工作岗位上。[2] 对此，劳动力市场分割理论在人力资本理论之外进行解释。劳动力市场分割理论最具代表性的是二元劳动力市场观点。[3][4] 该观点认为在劳动力市场中存在两个完全不同的部门，他们是初级劳动力市场（primary sector）和次级劳动力市场（secondary sector）。在初级劳动力市场中，工资收入较高，工作环境较好，晋升机会较多，工作管理制

[1] Gary S. Becker, *Human Capital: A Theoretical and Empirical Analysis, with Special Reference to Education* (Chicago: University of Chicago Press, 1993); Jacob Mincer: *Schooling, Experience and Earnings* (New York: Columbia University Press for NBER, 1974).

[2] 比如在中国农民工与城镇工人"同工不同酬"现象，还比如在一些国企因用工制不同而"同工不同酬"现象。

[3] Piore. M. J., "The Dual Labor Market: Theory and Implications," in Amold Weber, eds., *Public – Private Manpower* (Madison, Wisc: Industrial Relation Research Association, 1969), pp. 101 – 132.

[4] Glen G. Cain, "The Challenge of Segmented Labor Market Theories to Orthodox Theory: A Survey," *Journal of Economic Literature*, 14 (1976), pp. 1215 – 1257.

度规范，同时工作也较为稳定。与之相反，在次级劳动力市场中，工资收入低，工作环境差，晋升机会少，管理不规范，且工作不稳定，劳动者跳槽率高。二元劳动力市场观点强调劳动者很难在不同的市场间流动。并且在次级劳动力市场中，良好的教育和培训无助于提高劳动者的报酬。劳动力市场分割理论还有另一个有代表性的观点是职位竞争。这一观点认为各职位间的工资是不同的，每个职位上的工资却是相对固定的。劳动者的收入取决于他们在劳动力队伍中的阶梯位置，劳动者通过改变职业位置才能增加收入。但是，事实上劳动力市场中有相互独立的多个劳动力阶梯，他们之间的流动很少畅通。①

（二）区域劳动力市场与劳动力流动：摆脱劳动力市场分割下的人力资本回报劣势位置

受人力资本理论与劳动力市场分割理论的启示，本研究将建构"区域劳动力市场收入决定机制"分析框架来研究农民工流动问题（见表3-1）。一般来看，一个国家或地区总是存在经济发达地区或经济相对欠发达地区，不同地区的内部均存在初级劳动力市场和次级劳动力市场。比较而言，在经济发展水平不同的劳动力市场中，人力资本收益率与市场化的水平密切相关，导致人力资本的收益率存在差异。其机制主要是经济发达地区的劳动力市场较为规范，企业经营效益较好，劳工政策也更有利于保护劳动者的权益；而在经济相对欠发达地区，企业规模实力相对要小，劳动力市场相对不规范，劳工政策对劳动者权益的保护力度也较弱。这导致流动往往能够对劳动力的权益产

① 李强、林勇：《劳动力市场学》，中国劳动社会保障出版社，2006，第141～142页。

生积极的回报。

表 3－1　区域劳动力市场收入决定机制

项　目	经济发达地区		经济相对欠发达地区	
	初级劳动力市场	次级劳动力市场	初级劳动力市场	次级劳动力市场
人力资本收益率	高	较低	较高	低
劳动力市场规范性	好	好	较好	差

　　对此，本研究从农民工的流动与收入的现象中得到启示并提出猜想：劳动力市场存在区域差异，市场化程度高的地区，其劳动力市场的收入机制更有利于农民工，这是导致农民工流动的重要原因（见图 3－3）。由于农民工就业主要集中在次级劳动力市场中，因此这一猜想可以进一步阐述为超大城市次级劳动力市场的收入机制和其他地区次级劳动力市场之间存在差异，这种差异导致农民工倾向于流向超大城市获得更高的收入回报。具体而言，本研究提出如下研究假设。

　　H1：超大城市初级劳动力市场中，人力资本收益率对农民工收入影响显著，在非超大城市则相反。

　　H2：超大城市次级劳动力市场中，职业流动收益率对农民工收入影响显著，在非超大城市则相反。

　　本研究使用数据为国家卫计委 2013 年全国外来流动人口调查数据。本研究使用了其中户籍为农业的外出务工案例 16 万个。本研究因变量为被调查农民工最近一个月收入的对数；控制变量包括性别、工龄、受教育年限以及职业；解释变量主要是区域劳动力市场变量和流动变量，相关变量操作见表 3－2。本研究分析模型使用的是 Mincer 模型。

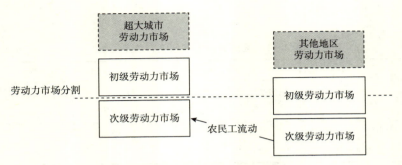

图 3 - 3   区域劳动力市场与劳动力流动

表 3 - 2   变量操作

变量	操作
收入	定距变量:最近月收入对数
性别	定类变量:男 = 1,女 = 0
工龄	定距变量:外出务工累积年
受教育年限	定距变量:接受学校教育年限
职业地位指数	定距变量(按职业地位高低,将职业地位指数化,将定类变量处理为定距变量):企业主 = 8,单位负责人 = 7,专业技术人员 = 6,办事人员 = 5,个体户 = 4,商业服务人员 = 3,工人 = 2,无固定职业 = 1
区域劳动力市场	定类变量:北上广深劳动力市场 = 1,其他劳动力市场 = 0
流动	定类变量:是否跨省流动,是 = 1,否 = 0;是否省内跨市流动,是 = 1,否 = 0

　　本书比较的区域劳动力市场为中国超大城市(北上广深)劳动力市场和其农民工主要流出地劳动力市场(见表 3 - 3)。从统计来看,北上广深农民工的主要流出地为周边地区,北京外来农民工的主要流出地是河北,占到北京外来农民工的近 1/4;上海外来农民工主要流出地是安徽,占到上海外来农民工的 1/3 左右;广州和深圳外来农民工主要流出地则是湖南,占到近 1/7。表 3 - 4 列出了样本描述统计。

表 3 - 3　北上广深省外农民工主要流出省份前三位

单位:%

北京		上海		广州、深圳	
河北	23.4	安徽	35.1	湖南	16.0
河南	17.4	江苏	14.3	广西	7.3
山东	14.0	河南	8.3	湖北	9.1
合　计	54.8	合　计	57.7	合　计	32.4

注:广州、深圳的省外来源地相同,故合并统计。

三　北上广深被调查农民工收入状况

北上广深作为中国超大城市吸引大量外来人口,其中较高的收入是重要的原因。图 3 - 4 列出了北上广深与其他地区农民工的最近一个月收入的情况。从结果来看,北上广深四个超大城市中,农民工月收入最高的深圳达到 3719.63 元,第二是上海,为 3556.76 元,第三是北京,为 3309.47 元,最低的广州为 3089.64 元,低于全国平均水平(3132.07 元);其他地区为 3102.03 元。可以看出,超大城市除广州外,农民工收入均高于全国平均水平。

表 3 - 5 进一步分析了不同性别农民工的收入状况。总体上看,男性农民工的收入(3476.52 元)高于女性农民工(2645.50 元)。男性总体平均收入大概是女性的 1.3 倍。就北上广深和全国其他地区而言,不同性别农民工收入的差距大体上相同,不存在明显的性别差异。这也表明收入的性别差异存在去地域化的特征。

表 3 - 4　样本描述统计

项目	北京—河北				上海—安徽				广深—湖南			
	北京外来农民工 (N=5113)		河北本省农民工 (N=3349)		上海外来农民工 (N=5062)		安徽本省农民工 (N=2830)		广深外来农民工 (N=2855)		湖南本省农民工 (N=4682)	
	均值	标准偏差	均值	标准偏差	均值	标准偏差	均值	标准偏差	均值	标准偏差	均值	标准偏差
月均收入（元）	3309.47	2086.919	2968.98	1974.16	3556.76	2415.283	3256.92	2502.86	3225.16	2472.81	3043.98	2153.61
工龄（年）	9.17	6.46	7.93	6.07	10.51	6.30	11.02	6.30	9.91	6.40	10.20	7.12
受教育年限（年）	9.78	2.35	9.74	2.23	9.47	2.55	9.19	2.40	10.06	2.24	10.08	2.20
被访者性别	0.53	0.50	0.67	0.47	0.58	0.49	0.63	0.48	0.55	0.50	0.55	0.50
职业地位指数	2.45	0.82	2.34	0.76	2.37	0.86	2.50	0.90	2.50	0.89	2.52	0.74

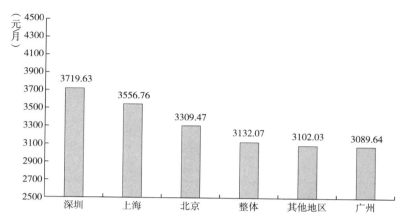

图 3-4　北上广深及其他地区农民工收入

注：F = 95.633，P < 0.001。

表 3-5　不同性别农民工收入

单位：元/月

城　　市	男性	女性	二者比
北京	3732.33	2847.78	1.3:1
上海	4038.29	2938.24	1.4:1
广州	3428.61	2738.29	1.3:1
深圳	4172.74	3133.89	1.3:1
其他地区	3439.51	2616.77	1.3:1
整体	3476.52	2645.50	1.3:1

注：F = 5615.031，P < 0.05。

表 3-6 报告了不同年龄组农民工的收入状况。总体上看，月收入最高的年龄组是 70 后农民工，为 3284.36 元，其次是 80 后，为 3247.40 元，再次是 50～60 后，为 3097.59 元，最低的是 90 后，为 2527.14 元。从地区来看，90 后在北上广深往往能够获得更高的收入，在上海他们的月收入接近 3000 元。而随着年龄的增长，北上广深农民工的收入与其他地区农民工收入的差距呈现缩小的特征。

表3-6　不同年龄组农民工收入情况

单位：元/月

	90后	80后	70后	50~60后
北京	2752.41	3538.44	3380.95	3218.05
上海	2918.05	3714.35	3707.14	3461.35
广州	2576.49	3320.93	3144.52	2884.50
深圳	2765.23	3886.87	3896.09	3335.30
其他地区	2497.13	3204.37	3260.35	3080.35
整体	2527.14	3247.40	3284.36	3097.59

注：$F = 542.050$，$P < 0.05$。

表3-7进一步分析了不同学历农民工的收入状况。[1] 学历代表着人力资本，这对收入有直接的影响。从结果来看，随着学历的提升，农民工收入也呈现明显的增长。其中，需要注意的是，随着学历的提升，北上广深农民工与其他地区农民工的收入差距不断扩大。这表明，在超大城市，学历对农民工收入的贡献要显著大于其他地区。

表3-7　不同学历组农民工收入情况

单位：元/月

城　　市	初中及以下	高中	大学及以上
北京	3287.24	3499.12	4645.06

---

[1]　在本研究中，农民工的定义为农业户籍且从事非农就业的群体。根据这一定义，我们发现卫计委全国调查数据中出现规模不小的接受过高等教育、从事非农就业且是农业户籍的群体。出现这一情况主要有两方面原因。一是一部分农民工进入城市务工后，接受了成人教育，获得高等教育文凭；二是2003年由于公安部门出台新政，农村大学新生不再统一将户口农转非，而改为自愿，这导致相当一部分农村大学生保留农业户籍，直至毕业后进入劳动力市场依然是农业户籍身份。本研究将这些接受高等教育但依然是农业户籍的劳动者也称为农民工，因为他们符合农民工的定义，只不过是农民工中较为特殊的群体。

续表

城 市	初中及以下	高中	大学及以上
上海	3444.84	3988.67	5277.27
广州	3578.50	4060.89	4800.00
深圳	3033.94	3767.41	4163.83
其他地区	3154.58	3326.16	3574.43
整体	3172.13	3373.29	3788.54

注：$F = 542.050$，$P < 0.05$。

表 3-8 分析了不同职业农民工的收入状况。总体来看，私营企业主的收入最高，为 4564.09 元，除无固定职业及其他外，商业服务人员收入最低，为 2543.80 元。具体来看，广州的单位负责人收入相较于其他城市和地区的收入最高，为 5750.00 元；上海的私营企业主收入与其他城市和地区相比最高，为 5991.74 元；上海的专业技术人员和办事人员收入分别为 4555.79 元和 3606.60 元，为本职业内收入最高的城市；广州的个体户和工人收入在本职业内最高，分别为 4330.24 元和 3183.51 元。

表 3-8 不同职业农民工收入情况

单位：元/月

城 市	私营企业主	单位负责人	专业技术人员	办事人员	个体户	商业服务人员	工人	无固定职业及其他
北京	4841.85	4400.00	3704.73	3593.55	3651.85	2935.95	3097.71	3080.00
上海	5991.74	4642.31	4555.79	3606.60	4200.68	3151.88	3082.42	3426.72
广州	5339.62	5750.00	4218.64	3207.85	4330.24	3374.46	3183.51	3190.00
深圳	4931.04	3000.00	3559.77	3306.25	3542.64	2806.60	2660.29	2269.57
其他地区	4494.37	3159.89	3349.52	2794.26	3408.70	2482.01	3050.80	2338.04
整体	4564.09	3355.79	3452.75	2894.14	3441.45	2543.80	3049.36	2370.07

注：$F = 1426.154$，$P < 0.05$。

表3-9分析了购房农民工和没有购房农民工的收入状况。从结果来看，超大城市购房农民工的收入要高于没有购房的农民工。由于超大城市普遍房价高，所以农民工在超大城市想要购房，必须以良好的收入作为保障。而在其他地区，房价相对要低，这使得农民工购房的可能性要高。具体来看，在北京购房的农民工平均收入5127.16元，没有购房的平均收入3242.87元，二者收入比为1.6∶1；在上海购房的农民工平均收入5707.07元，没有购房的平均收入3428.47元，二者收入比为1.7∶1；在广州购房的农民工平均收入6066.30元，没有购房的平均收入3002.48元，二者收入比为2.0∶1；在深圳购房的农民工平均收入6200.00元，没有购房的平均收入3617.04元，二者收入比为1.7∶1；而在其他地区，这一比值仅为1.1∶1。

表3-9　购房农民工和其他农民工收入情况

单位：元/月

城　　市	购房	没有	二者比
北京	5127.16	3242.87	1.6∶1
上海	5707.07	3428.47	1.7∶1
广州	6066.30	3002.48	2.0∶1
深圳	6200.00	3617.04	1.7∶1
其他地区	3441.71	3068.96	1.1∶1
整体	3543.42	3093.81	1.2∶1

注：$F = 509.953$，$P < 0.05$。

表3-10列出了北上广深农民工收入分组情况。从高收入组来看，最高的是上海，为6027.95元，最低的是北京，为5678.52元；从低收入组来看，最低的是广州，为1445.54元，最高的是深圳，为1515.37元。就高收入组与低收入组的比较来看，农民工收入差距最高的城市是广州，为4.09倍，最低的是北京，为3.83倍。整体来看，在农民工内部存在较大的收入差距，这表明

农民工内部已经发生明显的分化，农民工不再是一个普遍收入低的同质化群体，他们当中有一部分已经开始走向富裕。这种情况在超大城市之外的中国其他地区同样存在。

表3-10　不同收入组农民工收入情况

单位：元/月

收入分组	北京	上海	广州	深圳	其他地区	整体
低收入组	1481.91	1490.83	1445.54	1515.37	1400.81	1405.37
中低收入组	2069.87	2066.99	2100.95	2087.30	2066.90	2067.62
中等收入组	2600.34	2592.26	2607.13	2585.44	2607.26	2606.16
中高收入组	3147.76	3170.18	3204.75	3168.08	3157.22	3158.04
高收入组	5678.52	6027.95	5917.50	6016.59	5718.65	5736.67
高低收入组差距	3.83	4.04	4.09	3.97	4.08	4.08

四　农民工流动对收入的影响

表3-11列出了7个回归方程，因变量为农民工收入的对数。其中，模型1～模型6主要探讨了人力资本对不同劳动力市场中的农民工收入的影响，而模型7则探讨了总体上看流动对农民工收入的影响力。

表3-11　农民工收入影响因素分析的分区域考察（非标系数）

项　目	模型1 北京 外来 农民工	模型2 河北 本省 农民工	模型3 上海 外来 农民工	模型4 安徽 本省 农民工	模型5 广深 外来 农民工	模型6 湖南 本省 农民工	模型7 总体
常量	7.211* (.033)	7.290* (.046)	7.070* (.033)	7.288* (.056)	7.107* (.049)	7.237* (.047)	7.190* (.008)
工龄	.031* (.003)	.016* (.004)	.036* (.003)	.028* (.005)	.032* (.004)	.026* (.004)	.023* (.001)

续表

项　目	模型1 北京 外来 农民工	模型2 河北 本省 农民工	模型3 上海 外来 农民工	模型4 安徽 本省 农民工	模型5 广深 外来 农民工	模型6 湖南 本省 农民工	模型7 总体
工龄^2	.000* (.000)	.000* (.000)	.000* (.000)	-.001* (.000)	-.001* (.000)	.000* (.000)	.000 (.000)
受教育年限	.035* (.003)	.000 (.004)	.045* (.003)	.017* (.004)	.044* (.004)	.016* (.004)	.018* (.001)
性别（男=1）	.232* (.012)	.323* (.017)	.224* (.012)	.434* (.020)	.189* (.017)	.227* (.015)	.254* (.003)
职业地位指数	.059* (.008)	.103* (.011)	.081* (.007)	.020 (.011)	.073* (.010)	.076* (.010)	.076* (.002)
地区（北上广深=1）	—	—	—	—	—	—	.055* (.005)
跨省流动（是=1）	—	—	—	—	—	—	.151* (.004)
省内跨市流动 （是=1）	—	—	—	—	—	—	.058* (.004)
调整R^2	.139	.131	.194	.170	.136	.079	.118
F	165.582*	101.737*	245.236*	97.649*	90.636*	81.203*	2377.142*
N	5113	3349	5062	2830	2855	4682	141578

注：括号内为标准误，* P < 0.001。

　　模型1和模型2分别探讨了北京和河北农民工的收入影响因素。从区域来看，北京农民工主要的流出地是河北，在河北劳动力市场中农民工收入主要受工龄、性别与职业地位的影响，教育的影响并不显著。但是在北京劳动力市场中，教育对农民工的收入有显著的影响，工龄的影响幅度也比较大。另外，性别歧视的影响在北京与河北两个劳动力市场存在差异，比较而言，在河北劳动力市场中性别对收入的影响要更为明显，而北京劳动力市场则相对小些。这表明，在北京与河北两个劳动力市场中，农民工的收入机制是存在差异的，比较而言，在北京劳动力市场中，人力资本对农民工收入的贡献要大于河北，这使得农民工的收入更有可能获得增加。上述结论，在模型 3 和模型 4（上海劳动力市场和安徽劳动力市场）、模型 5 和模型 6（广深劳动力市场和湖南劳动力市场）的比较中，同样可以显著地观察到。

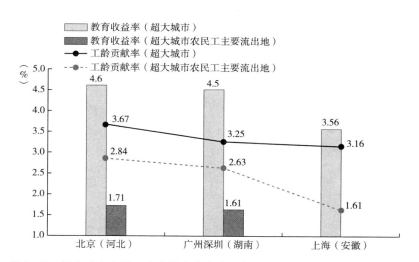

图 3－5　超大城市农民工人力资本收益率及与其主要流出地劳动力市场比较

图 3－5 列出了超大城市农民工人力资本收益率及与其主要流出地劳动力市场的比较。我们将模型 1～模型 6 中教育收益率和工龄贡献率对农民工收入影响的结果进行了比较。一般来看，教育收益率（柱状图）和工龄贡献率（线状图）是测量人力资本对收入影响大小的两个基本观察值，随着受教育年限和工龄的增加，收入会呈现上升的趋势。但是在不同地区的劳动力市场中，上述情况存在差异。从教育收益率来看，在超大城市劳动力市场和周边地区劳动力市场的比较中，可以看出这种差异的显著存在。在

北京劳动力市场中，农民工的教育收益率为 4.6%，而周边的河北劳动力市场仅为 1.71%；广深劳动力市场中农民工的教育收益率为 4.5%，而周边的湖南劳动力市场中仅为 1.61%；上海劳动力市场中农民工的教育收益率为 3.56%，而周边的安徽劳动力市场中教育收益率为 0。从工龄对农民工收入的贡献来看，在北京劳动力市场中工龄对农民工收入的贡献率为 3.67%，而在河北劳动力市场这一比例为 2.84%；在广深劳动力市场中工龄对农民工收入的贡献率为 3.25%，而在湖南劳动力市场这一比例为 2.63%；在上海劳动力市场中工龄对农民工收入的贡献率为 3.16%，而在安徽劳动力市场这一比例仅为 1.61%。

总的来看，在经济发展水平不同的劳动力市场中，农民工收入的影响机制是存在差异的。比较而言，在经济发达的超大城市，人力资本对农民工收入的影响更加显著和积极，而在超大城市农民工主要流出地，人力资本对农民工收入的影响则要弱得多，这也是导致农民工为什么源源不断流向超大城市的重要原因。

最后，模型 7 考察了流动状况对农民工收入的影响。我们增加了两组变量，一组是地区变量，从结果来看，在控制其他变量影响的情况下，在北上广深就业的农民工的收入要显著高出其他地区的农民工 5.7%（EXP［0.055］−1），这就表明地区间的劳动力市场收入差异是存在的，这恰恰也是与农民工流动方向相一致的。另外，从流动范围来看，在控制其他变量影响的情况下，跨省流动的农民工的收入比其他农民工群体多 16.3%（EXP［0.151］−1），而省内跨市流动的农民工的收入也要比其他农民工高出 6%（EXP［0.058］−1）。总的来看，流动对农民工收入的提升具有积极的意义。

五　结果讨论

本研究分析探讨了北上广深农民工的收入状况及其与流动的关系。通过对跨地区劳动力市场的比较分析，可以显著观察到北上广深农民工收入要高于其他地区的农民工。这主要是因为超大城市劳动力市场的工作决定机制更强调人力资本的回报，这对改变农民工在流出地劳动力市场中的劣势地位具有重要意义，这也是超大城市能够吸引大量外来农民工流入的重要原因。根据上述发现，本研究得出如下结论。

第一，由于超大城市劳动力市场的收入决定机制对农民工改变其在流出地劳动力市场中的劣势位置具有积极的意义，因此在现有地区劳动力市场格局不变的情况下，农民工继续流向超大城市的状况不会发生根本的变化。这将使得超大城市"严格控制人口规模"的政策受到严峻的挑战。在此背景下，本研究认为与其单纯地限制超大城市人口规模，不如同时加强超大城市周边地区劳动力市场的培育与建设，这对引导农民工的流动具有积极的意义。

第二，不同地区劳动力市场中的收入决定机制的差异，使得农民工"用脚投票"流向更有利于其获得更高收入的地区，从而产生一种倒逼机制。农民工流出地的劳动力市场应更加注重农民工权益与规范化建设，当然这种倒逼机制是建立在经济发展基础上的。

第四章　超大城市农民工
消费状况

　　国家卫计委流动人口监测数据显示，长三角、珠三角、京津冀、海峡西岸等四大城市群，吸纳了全国流动人口的45%。由于各种限制政策、高房价、高生活压力等，近年来农民工出现了一定的回流趋势，但北上广深等超大城市仍然是农民工大量流入的城市。农民工流入给这些城市带来了巨大的人口压力，所以超大城市人口调控的一个重要任务就是限制农民工的流入。虽然政策限制，但众多的就业机会、良好的生活条件等仍然吸引着农民工向这些城市聚集。

　　由于收入、户籍、高房价等限制，很多外来人口在流入地都呈现一种暂时性的生活状态。这种暂时性影响了外来人口的消费生活，导致很多外来人口形成在大城市挣钱、回家乡消费的收支方式。而一些打算在城市定居或者已经在城市买房定居的人则表现出不同的消费模式，他们的消费方式、消费水平更接近城市居民。这种迁移状态的不同对外来人口的消费结构有较大影响，对于前者而言，他们在流入地的消费主要是满足基本生存需求，而后者的消费结构则更加均衡。因此，外来人口在城市的消费结构一方面反映其生活现状，另一方面反映其城市融入状况，是其在心理上和事实上是否融入城市的重要标志。

虽然很多学者把农民工作为一个群体进行研究，但其实农民工并不是一个同质性群体，他们内部是分层的，不同户籍、不同收入水平、不同职业、不同教育程度等导致其在城市有不同的机会和生存状况，其消费水平和消费结构也有较大差异。本书拟利用卫计委的流动人口监测数据，分析比较超大城市农民工的消费状况。

一　农民工的收支状况

收入是消费的基础，谈消费不能不谈收入。人口从乡村向城市迁移的最大动力还是城乡收入差距所带来的推拉作用。我国城乡收入差距巨大是推动人口持续向城市迁移的主要力量。农民工的流向也受到收入水平差距的影响，从过去的研究来看，超大城市对人口的吸引力大大超过其他城市，收入和就业机会多是主要原因。从本次调查来看，超大城市农民工的收入水平与其他地方有显著差别，北上广深四个超大城市的月人均收入是 2753 元，其他城市是 2250 元。四个超大城市的个人月收入是 3423 元，其他城市是 3102 元。

具体到这四个城市，其内部也有些差别，从家庭在本地的总收入来看，广州最高，其次是上海。但从人均收入看，收入最高的是上海，人均 2851 元；其次是深圳，人均 2756 元；再次是北京，人均 2695 元；广州最低，人均 2588 元，这说明广州农民工的家庭人口多于其他几个城市。从个人月收入看，收入最高的是广州，人均 3720 元，其次是上海，人均 3557 元，再次是北京，人均 3310 元，最低的是深圳，人均 3090 元。

表 4 - 1   不同类型城市的收入状况

单位：元

北上广深与其他城市		本地月总收入	月人均收入	个人月收入
超大城市	均值	6113.0	2752.7	3422.9
	频数	15407	15407	13856
	标准差	5505.2	2359.7	2271.6
非超大城市	均值	4957.4	2250.3	3102.3
	频数	152766	152766	135272
	标准差	4049.9	2052.77	2134.0
总　计	均值	5063.3	2296.3	3132.1
	频数	168173	168173	149128
	标准差	4217.4	2087.8	2149.1

表 4 - 2   北上广深农民工收入状况

单位：元

城　市		本地月总收入	月人均收入	个人月收入
北京	平均数	5591.4	2695.4	3309.5
	频数	5949	5949	5376
	标准差	4983.4	2208.4	2086.9
上海	平均数	6631.1	2851.2	3556.7
	频数	6111	6111	5453
	标准差	5892.2	2562.6	2415.3
广州	平均数	6801.1	2587.7	3719.6
	频数	1618	1618	1410
	标准差	5433.1	1868.6	2497.5
深圳	平均数	5432.3	2756.2	3089.6
	频数	1729	1729	1617
	标准差	5616.5	2506.8	2084.2

从支出水平看，北上广深与其他城市也有显著差别，四个超大城市的支出水平均高于其他城市。前者人均总支出是 1242 元，后者人均总支出 1048 元，两者相差近 200 元。超大城市的饮食和房租都比较高，前者人均饮食支出 522 元，后者人均饮食支出 472元；前者人均房租是 323 元，后者人均房租 233 元。

表 4 - 3　超大城市与非超大城市农民工的支出状况

北上广深与其他城市		月人均饮食支出	月人均总支出	月人均房租
超大城市	均值	522.1	1242.0	322.7
	N	15425	15421	15434
	标准差	353.9	928.0	408.8
非超大城市	均值	471.7	1048.4	232.9
	N	153155	153238	149737
	标准差	325.6	758.2	323.9
总　计	均值	476.3	1066.1	240.9
	N	168580	168659	165171
	标准差	328.6	777.2	333.8

超大城市内部也有差别，广州的总支出、饮食支出和房租支出都最高，深圳的人均总支出和饮食支出也比较高，但人均房租最低。北京和上海的人均总支出、饮食支出和房租水平比较相当，都低于广州。

表 4 - 4　北上广深农民工的支出状况

城市		月人均饮食支出	月人均总支出	月人均房租
北京	均值	509.7	1210.17	338.67
	N	5937	5935	5955
	标准差	363.37	902.5	409.1
上海	均值	501.1	1235.9	313.0
	N	6136	6131	6144
	标准差	341.5	991.9	441.1

续表

城市		月人均饮食支出	月人均总支出	月人均房租
广州	均值	590.4	1352.5	346.5
	N	1619	1618	1621
	标准差	358.8	871.7	350.5
深圳	均值	575.6	1269.8	279.3
	N	1733	1737	1714
	标准差	347.0	817.3	325.8

　　从以往的调查经验来看，北京、上海的房价和租金是比较高的，而广州、深圳，特别是广州，由于城中村较多，低价房源较多，总体租金是比较低的，但本次调查显示，广州和深圳人均住房支出水平结果有点出乎意料。是什么原因导致调查结果与常识的偏离呢？笔者认为，住房获得方式的不同，对其居住成本有较大影响。分析住房取得的方式发现，在住房获得方式上，北京、上海、深圳免费居住的比例都比较高，分别为 17.6%、13.1%、15.0%，从市场租住的比例在 70% 左右，特别是北京，只有66.4%，而广州从市场租住的比例是 86.3%，比北京高出 20 个百分点，比上海和深圳也高出约 16 个百分点，免费居住的比例只有4.7%，这种住房获得方式的差别拉大了不同城市农民工住房支出水平的差距。

表 4 - 5 北上广深农民工住房状况

城市	住房类型							合计
	免费居住	非市场租住	市场租住	非市场购买	市场购买	自建房	其他	
北京	1054	660	3973	0	240	34	19	5980
	17.6%	11.0%	66.4%	0.0%	4.0%	0.6%	0.3%	100.0%
上海	808	591	4360	5	356	14	28	6162
	13.1%	9.6%	70.8%	0.1%	5.8%	0.2%	0.5%	100.0%

城市	住房类型							合计
	免费居住	非市场租住	市场租住	非市场购买	市场购买	自建房	其他	
广州	77	62	1402	0	71	13	0	1625
	4.7%	3.8%	86.3%	0.0%	4.4%	0.8%	0.0%	100.0%
深圳	262	182	1229	1	55	10	3	1742
	15.0%	10.4%	70.6%	0.1%	3.2%	0.6%	0.2%	100.0%

二　农民工消费的支出结构

这里用三个指标来衡量农民工的支出结构，一是消费倾向，即支出占收入的比重；二是恩格尔系数，即饮食支出占总支出的比重；三是房租系数，即房租占总支出的比重。这三个指标从不同方面衡量了农民工的消费支出状况。

（一）消费倾向

从消费倾向看，超大城市的消费倾向低于50%，收入中不到一半用于消费，而非超大城市则有53%的收入用于消费，二者有显著差别。超大城市农民工收入高，消费倾向低，说明他们结余的收入更多。

就超大城市内部来看，北京、上海农民工的消费倾向都低于50%，而广州、深圳则高于50%，特别是广州，消费倾向达到57%，不但高于其他几个超大城市，也高于其他非超大城市，是消费倾向最高的。广州消费倾向高，与市场租房的比例高有较大关系。

（二）恩格尔系数与住房系数

恩格尔系数是衡量生活水平的一个重要指标，国际上通常使用恩格尔系数来测量一个地区人民生活水平的高低。但是这个指标在中国有很大的局限性，其内涵与社会保障制度比较完善的发达国家和地区有很大不同。在中国，由于城乡福利体系不同，农民（农民工）和城市居民恩格尔系数的内涵也有很大不同。对于农民或者农民工来说，恩格尔系数不高或许并不意味着其生活水平的提高，而是意味着其公共消费在挤占个人消费，而生活质量并没有提高，反而可能下降。但对于城市内外地户籍的农民工来说，由于其体制地位并没有太大差别，所以其恩格尔系数的内涵不会因为福利制度的差别而有别，衡量消费水平的含义是一致的。

从本次调查的情况看，超大城市农民工的恩格尔系数是45.4%，而非超大城市农民工的恩格尔系数是47.9%，前者低于后者。单纯考虑恩格尔系数，前者的生活水平要高于后者，但是如果考虑到大城市居住价格较高，住房支出的比重要高于其他城市，则超大城市农民工恩格尔系数低并不一定表示其生活水平就高。莫尔顿（Moulton）认为，住房成本是导致地区间生活成本产生差异的最重要的因素。[①] 美国人口普查局实验性生活成本指标FMR指数就假设地区间生活成本的差异仅由住房成本引起。因此，大城市住房成本高可能成为拉低恩格尔系数的一个重要因素。从本次调查的情况看，超大城市住房系数很高，是24.7%，而非超大城市为20.7%，两者相差4个百分点，因此如果把吃饭和居住这两个基本需求合起来看的话，超大城市农民工满足这两个基本需求的支出比重是70.1%，非超大城市满足这些需求的支出比重是68.6%，后者反而低于前者。

从不同城市来看，恩格尔系数最高的是深圳，高达49.1%，

---

①   Moulton B.，"Interarea Indexes of the Cost of Shelter Using Hedonic Quality Adjustment Techniques," *Journal of Econometrics*, 1995（1），pp. 181 – 204.

刚脱离温饱，其次是广州（46.6%）和北京（45.3%），上海最低，只有44.0%。而住房系数最高的是北京（26.8%），其次是广州和上海，深圳最低。如果把两者结合起来看，则北京农民工饮食和居住的支出比重是72.1%，广州是71.6%，深圳是70.3%，上海则是67.6%，基本生活压力的大小又有所变化。

表4-6　超大城市与其他城市的消费支出结构

北上广深与其他城市		消费支出/总收入	住房系数	恩格尔系数
超大城市	均值	.4994	.2471	.4536
	N	15348	15400	15368
	标准差	.25098	.17376	.17862
非超大城市	均值	.5280	.2073	.4788
	N	152389	149481	152767
	标准差	.25187	.16690	.18020
总　计	均值	.5254	.2110	.4765
	N	167737	164881	168135
	标准差	.25192	.16795	.18020

表4-7　北上广深农民工的消费支出结构

城市		消费支出/总收入	住房系数	恩格尔系数
北京	均值	.4943	.2684	.4529
	N	5913	5945	5911
	标准差	.24882	.18635	.18207
上海	均值	.4825	.2355	.4403
	N	6096	6128	6114
	标准差	.25320	.16927	.17829
广州	均值	.5740	.2504	.4655
	N	1613	1616	1612
	标准差	.28417	.15887	.16402
深圳	均值	.5070	.2119	.4914
	N	1726	1711	1731
	标准差	.19966	.14625	.17494

三 农民工支出的内部分化

从不同类型城市的恩格尔系数和消费水平的分化情况来看（见表4-8），超大城市恩格尔系数小于50%的比例高于非超大城市，而恩格尔系数高于60%的比例则小于非超大城市。具体来看，超大城市农民工的恩格尔系数在0.4以下的达到了35.9%，非超大城市只有31.5%。超大城市恩格尔系数在0.5及以上的比例是46.2%，而非超大城市则达52.1%。前者总体分化状况不如后者大。

表4-8 不同类型城市农民工内部分化情况

城 市	恩格尔系数分组					合 计
	最富裕 (<0.3)	富裕 (0.3~0.39)	小康 (0.4~0.49)	温饱 (0.5~0.59)	贫困 (≥0.6)	
超大城市	2822	2686	2761	3515	3584	15368
	18.4%	17.5%	18.0%	22.9%	23.3%	100.0%
非超大城市	23686	24375	25166	35756	43784	152767
	15.5%	16.0%	16.5%	23.4%	28.7%	100.0%
合 计	26508	27061	27927	39271	47368	168135
	15.8%	16.1%	16.6%	23.4%	28.2%	100.0%

从不同城市的情况看（见表4-9），农民工的恩格尔系数在0.4以下的比例：北京是36.9%，上海是37.8%，广州是32.3%，深圳是28.4%；而恩格尔系数在0.5以上的比例：北京是44.2%，上海是45%，广州是48.7%，深圳是55%，广州、深圳贫困比例较高。

表4-9　北上广深农民工的消费分化状况

城市	恩格尔系数分组					合计
	最富裕 （<0.3）	富裕 （0.3~0.39）	小康 （0.4~0.49）	温饱 （0.5~0.59）	贫困 （≥0.6）	
北京	1097 18.6%	1083 18.3%	1119 18.9%	1265 21.4%	1347 22.8%	5911 100.0%
上海	1280 20.9%	1035 16.9%	1049 17.2%	1418 23.2%	1332 21.8%	6114 100.0%
广州	235 14.6%	285 17.7%	307 19.0%	389 24.1%	396 24.6%	1612 100.0%
深圳	210 12.1%	283 16.3%	286 16.5%	443 25.6%	509 29.4%	1731 100.0%

恩格尔系数是一个比例结构，从不同恩格尔系数者收入、支出的绝对水平看，恩格尔系数越低，个人收入和家庭人均收入水平越高，房租支出水平越高，但是饮食支出水平越低（见表4-10）。所有城市呈现一致的规律。从收入来说，恩格尔系数高低较好地反映了农民工的收入水平，即收入越高，恩格尔系数越低，但是为什么用恩格尔系数来衡量比较富裕的群体，其饮食支出水平会低呢？一个可能的解释就是，那些相对比较富裕的家庭，房租比较高，能够租住比较好一点儿的功能完备的住房，可以自己做饭，而非买成品吃，比较省钱，所以饮食支出减少。

从收入看，超大城市恩格尔系数在0.3以下者家庭月人均收入是3354元，在0.3~0.39者，家庭月人均收入是2804元，非超大城市这个区间的家庭月人均收入分别是2674元和2305元。超大城市恩格尔系数为0.5~0.59者，家庭月人均收入是2548元，在0.6及以上者，家庭月人均收入是2463元，后两者收入差别不大，非超大城市这两个区间的收入水平分别是2132元和2088元。

从支出来看，恩格尔系数在0.3以下者，每月超大城市人均

表 4-10 不同类型城市收入支出的分化状况

恩格尔系数		超大城市					非超大城市				
		月人均收入	月人均饮食支出	月人均总支出	月人均房租	个人月收入	月人均收入	月人均饮食支出	月人均总支出	月人均房租	个人月收入
最富裕(<0.3)	平均数	3354.4	323.5	1681.9	557.0	3801.7	2674.4	276.1	1402.4	417.5	3444.6
	频数	2804	2822	2822	2818	2491	23549	23686	23686	23262	20857
	标准差	3050.7	259.1	1500.8	695.2	2962.4	2948.9	211.0	1225.8	569.0	2894.1
富裕(0.3~0.39)	平均数	2804.2	440.2	1305.3	394.5	3580.0	2305.0	378.5	1117.5	296.7	3181.7
	频数	2675	2686	2686	2679	2412	24266	24375	24375	23923	21559
	标准差	2121.2	271.7	815.2	388.3	2520.1	1877.3	241.0	710.9	329.0	2208.4
小康(0.4~0.49)	平均数	2654.1	504.92	1190.9	319.4	3399.6	2180.2	438.7	1030.7	244.7	3045.8
	频数	2755	2761	2761	2753	2473	25059	25166	25166	24626	22239
	标准差	2139.1	302.8	709.4	280.7	1921.8	1781.1	264.3	620.5	254.3	1936.7
温饱(0.5~0.59)	平均数	2548.3	568.6	1095.0	238.4	3210.8	2131.7	503.1	965.5	188.9	2986.5
	频数	3498	3515	3515	3496	3166	35568	35756	35756	34825	31449
	标准差	2191.7	332.8	637.1	216.0	1817.9	1657.1	298.3	570.6	195.5	1827.6
贫困(≥0.6)	平均数	2463.2	707.0	1024.0	167.0	3227.2	2088.2	623.5	895.3	122.2	2994.7
	频数	3566	3584	3584	3557	3209	43500	43784	43784	42211	38386
	标准差	1902.3	417.6	611.1	170.5	1953.6	1701.8	386.8	542.2	134.3	1832.0
总　计	平均数	2740.0	522.0	1240.2	322.4	3420.4	2239.0	471.9	1048.1	232.2	3101.0
	频数	15298	15368	15368	15303	13751	151942	152767	152767	148847	134490
	标准差	2314.0	353.0	923.4	406.5	2251.1	1986.4	325.1	752.4	320.4	2113.3

总支出是 1682 元，人均饮食支出是 324 元，人均房租是 557 元；非超大城市人均总支出是 1402 元，人均饮食支出是 276 元，人均房租是 418 元。恩格尔系数在 0.3～0.39 者，每月超大城市人均总支出是 1305 元，人均饮食支出是 440 元，人均房租是 395 元，非超大城市人均总支出是 1118 元，人均饮食是 379 元，人均房租是 297 元。恩格尔系数在 0.5～0.59 者，每月超大城市人均总支出是 1095 元，人均饮食支出是 569 元，人均房租是 238 元；非超大城市人均总支出是 966 元，人均饮食支出是 503 元，人均房租是 189 元。恩格尔系数在 0.6 及以上者，超大城市人均总支出是 1024 元，人均饮食支出是 707 元，人均房租是 167 元；非超大城市人均总支出是 895 元，人均饮食支出是 624 元，人均房租是 122 元。

从不同城市比较来看（见表 4-11、4-12），就最富裕者来说，北京最富裕者的家庭每月人均收入是 3110 元，人均总支出是 1623 元，饮食支出是 315 元，房租是 591 元；上海最富裕者的家庭每月人均收入是 3438 元，人均总支出是 1654 元，人均饮食支出是 307 元，人均房租是 530 元；广州最富裕者的家庭每月人均收入是 3583 元，人均支出是 1918 元，人均饮食支出是 396 元，人均房租是 576 元；深圳最富裕者的家庭每月人均收入是 3863 元，人均总支出是 1897 元，人均饮食支出是 390 元，人均房租是 523 元。四个城市中最富裕者的家庭平均收入深圳最高，北京最低；家庭每月人均支出广州最高，北京最低；人均饮食支出广州最高，上海最低；人均房租北京最高，深圳最低。

就富裕者来说，北京富裕者的家庭每月人均收入是 2662 元，人均支出是 1216 元，人均饮食支出是 411 元，人均房租是 395 元；上海富裕者的家庭每月人均收入是 2948 元，人均总支出是 1328 元，人均饮食支出是 448 元，人均房租是 390 元；广州富裕者的家庭每月人均收入是 2535 元，人均总支出是 1392 元，人均饮食支出是 470 元，人均房租是 422 元；深圳富裕者的家庭月人均收入是 3093 元，月人均总支出是 1477 元，月人均饮食支出是 496 元，月人均房租是 381 元。四个城市富裕者中月人均收入最高的是深圳，最低的是广州；家庭总支出最高的是深圳，最低的是北京；月饮食支出最高的是深圳，最低的是北京；月房租最高的是广州，最低的是深圳。

就小康水平来说，北京小康水平者的家庭月人均收入是 2601 元，人均总支出是 1128 元，人均饮食支出是 480 元，人均房租是 330 元；上海小康水平者的家庭月人均总收入是 2701 元，月人均总支出是 1197 元，月人均饮食支出是 504 元，月人均房租是 302 元；广州小康水平者的月人均总收入是 2613 元，月人均总支出是 1337 元，月人均饮食支出是 567 元，月人均房租是 365 元；深圳小康水平者家庭月人均总收入是 2737 元，月人均总支出是 1258 元，月人均饮食支出是 540 元，月人均房租是 292 元。四个城市小康水平者中，家庭人均收入最高的是深圳，最低的是北京；人均总支出最高的是广州，最低的是北京；家庭月饮食支出最高的是广州，最低的是北京；月人均房租最高的是广州，最低的是深圳。

就温饱水平来说，北京温饱水平者的家庭每月人均收入是 2476 元，人均总支出是 1088 元，人均饮食支出是 564 元，人均房租是 260 元；上海温饱水平者的家庭每月人均收入是 2714 元，人均总支出是 1056 元，人均饮食支出是 546 元，人均房租是 212 元；广州温饱水平者的家庭每月人均收入是 2301 元，人均总支出是 1233 元，人均饮食支出是 644 元，人均房租是 282 元；深圳家庭每月人均总收入是 2445 元，人均总支出是 1121 元，人均饮食支出是 587 元，人均房租是 222 元。四个城市中温饱水平者的家庭每月人均总收入上海最高，广州最低；人均支出广州最高，上海最低；人均饮食支出广州最高，上海最低；人均房租广州最高，上海最低。

表4-11　北京、上海的内部分化状况

分化状况			北京					上海				
		个人月收入	月人均总收入	月人均总支出	月人均饮食支出	月人均房租	个人月收入	月人均总收入	月人均总支出	月人均饮食支出	月人均房租
最富裕（<0.3）	平均数	3554.7	3110.371	1623.1	314.5	590.8	3897.0	3438.4	1653.7	307.2	530.0
	频数	991	1090	1097	1097	1097	1107	1272	1280	1280	1278
	标准差	2478.8	2567.5	1407.8	231.4	692.9	3062.3	3241.7	1615.0	270.9	727.8
富裕（0.3~0.39）	平均数	3352.0	2661.7	1215.7	410.8	395.0	3812.7	2948.3	1328.3	447.6	389.9
	频数	985	1079	1083	1083	1082	916	1032	1035	1035	1034
	标准差	2199.5	2008.3	740.2	247.1	368.8	2878.7	2204.1	894.3	297.3	436.0
小康（0.4~0.49）	平均数	3296.6	2600.5	1128.4	480.2	329.8	3519.4	2701.0	1196.5	503.7	302.2
	频数	999	1118	1119	1119	1119	931	1045	1049	1049	1048
	标准差	1781.2	1862.1	694.2	301.2	258.2	2016.5	2106.9	710.5	298.2	305.8
温饱（0.5~0.59）	平均数	3164.0	2476.1	1087.6	563.7	260.0	3305.5	2713.5	1055.9	546.4	212.1
	频数	1121	1260	1265	1265	1260	1290	1408	1418	1418	1410
	标准差	1984.5	1623.5	657.8	340.9	228.8	1844.14	2938.1	625.3	329.5	195.2
贫困（≥0.6）	平均数	3211.3	2592.1	1041.2	723.7	171.9	3343.8	2434.7	982.1	674.6	154.6
	频数	1223	1342	1347	1347	1335	1177	1324	1332	1332	1329
	标准差	1892.3	2358.3	696.2	461.0	199.2	2093.7	1644.5	526.7	367.3	147.1
总　计	平均数	3307.4	2677.6	1207.6	510.1	339.7	3557.0	2842.1	1235.2	500.2	311.8
	频数	5319	5889	5911	5911	5893	5421	6081	6114	6114	6099
	标准差	2074.8	2119.4	897.0	362.8	408.8	2414.5	2547.3	989.1	339.8	437.5

表4-12 广州、深圳的内部分化状况

分化状况		广州					深圳				
		个人月收入	月人均总收入	月人均总支出	月人均饮食支出	月人均房租	个人月收入	月人均总收入	月人均总支出	月人均饮食支出	月人均房租
最富裕（<0.3）	平均数	4699.0	3583.4	1917.8	395.5	576.4	3551.5	3862.7	1896.5	390.0	523.2
	频数	207	234	235	235	235	186	208	210	210	208
	标准差	4104.7	3208.0	1378.6	273.4	559.8	3011.3	3816.1	1337.3	283.1	632.7
富裕（0.3~0.39）	平均数	3843.7	2535.2	1392.0	469.9	422.4	3378.1	3093.3	1477.0	496.1	381.0
	频数	246	283	285	285	285	265	281	283	283	278
	标准差	2419.6	1303.4	744.4	254.8	333.9	2307.8	2744.1	815.7	268.0	320.6
小康（0.4~0.49）	平均数	3602.3	2612.5	1337.0	566.6	365.4	3162.4	2737.0	1257.7	539.6	291.8
	频数	273	307	307	307	306	270	285	286	286	280
	标准差	1819.7	1582.7	782.2	328.0	306.7	2139.4	3418.8	653.9	285.5	227.2
温饱（0.5~0.59）	平均数	3429.3	2300.7	1232.5	644.2	282.0	2872.0	2445.25	1120.6	587.3	222.3
	频数	334	388	389	389	389	421	442	443	443	437
	标准差	1712.8	1281.4	681.0	350.6	253.0	1205.1	1190.6	554.2	291.5	193.1
贫困（≥0.6）	平均数	3412.4	2267.9	1115.5	756.8	198.5	2841.6	2348.1	1016.7	708.5	161.7
	频数	340	395	396	396	393	469	505	509	509	500
	标准差	2214.9	1565.9	593.2	404.8	158.6	1426.1	1300.7	580.6	425.02	150.0
总计	平均数	3719.5	2580.3	1351.8	590.00	345.4	3073.5	2742.2	1265.1	576.2	278.6
	频数	1400	1607	1612	1612	1608	1611	1721	1731	1731	1703
	标准差	2495.5	1859.0	867.3	358.1	346.4	1928.5	2451.1	807.3	346.8	322.4

从贫困水平来看，北京贫困水平者的家庭月人均总收入是2592元，收入反而高于温饱水平者，其家庭月人均总支出是1041元，略低于温饱水平者，家庭人均饮食支出是724元，远高于其他水平者，人均房租是172元，远低于其他水平者；上海贫困水平者的家庭人均总收入是2435元，低于温饱水平者，家庭月人均总支出是982元，也低于温饱水平者，月人均饮食是675元，也大幅度高于温饱水平者，人均房租155元，低于温饱水平者。广州贫困水平者的家庭月人均收入是2268元，低于温饱水平者，家庭月人均总支出是1116元，低于温饱水平者，月人均饮食支出是757元，高于温饱水平者，人均房租是199元，低于温饱水平者；深圳贫困水平者的家庭月人均总收入是2348元，低于温饱水平者，月人均总支出是1017元，低于温饱水平者，月人均饮食支出是709元，远高于温饱水平者，而人均房租是162元，低于温饱水平者。四个城市贫困水平者中，家庭月人均收入最高的是北京，最低的是广州；家庭月人均总支出最高的是广州，最低的是上海；月人均饮食支出最高的是广州，最低的是上海；月人均房租最高的是广州，最低的是上海。

四　农民工消费的影响因素分析

农民工的消费分化是很大的，收入差距当然对其消费支出有影响，但是，消费不仅受收入水平的影响，还受很多其他社会性因素的影响。农民工进入城市以后，其工作环境、生活环境、社会环境、文化心理都发生了巨大的变化，这些变化又因为地域、行业、职业等不同而不同，因为对城市生活的融入度不同而不同，所以其消费差异的影响因素是多维的。本书根据卫计委数据，在已有变量及以前研究和经验观察的基础上，利用回归模型，分析农民工消费水平和结构的影响因素。

消费支出水平高低是受多种因素影响的。一是受经济条件的影响，收入水平是影响支出水平和支出结构的最重要因素之一，这也是经济学意义上消费的决定因素。一般来说，收入水平越高，消费支出水平越高、恩格尔系数越低。二是受社会特征的影响，首先，不同产业的消费环境不同，这会影响人的消费观念和行为，人们从事的产业领域不同，其支出水平和支出结构也会因为消费习惯不同而有所不同。其次，人们的职业不同会影响消费行为从而影响其消费支出水平和支出结构，职业地位越高的人，在同样的收入水平下其支出水平也越高。再次，不同城市的物价、消费习惯等不同，这些因素也会影响支出水平和支出结构，所以居住城市类型不同，人们的消费支出水平和支出结构也会不同。最后，房租价格作为一个对城市生活消费影响加大的因素，也会影响人们的消费水平和支出结构。大城市房价和房租价格都比较高，这对外来人口的生活消费影响是非常大的。三是制度因素对消费的影响，如社会保障制度等都可能影响人的消费方式，一般来说，有社会保障者其生活的安全系数高，更可能多消费，其消费结构也会更加均衡。因此，有无社会保障，将对人们的消费心理产生影响，进而影响人们的支出水平和支出结构。对于农民工来说，工作稳定者有更多机会加入城镇职工医疗保障体系，其收入和待遇水平都更好一些。这里选择城镇职工医疗保险作为制度因素影响消费的变量。此外，家庭居住人口多的时候，用水、用电、房租等具有规模效应，所以作为城市重要生活单位的家庭，其人口多少也会影响家庭的支出水平和支出结构。据此，对农民工的消费支出水平、恩格尔系数进行回归分析，自变量的基本情况如表 4-13 所示。

表 4 – 13　模型中自变量的基本情况

变量	值	变量	值
1. 月人均收入（元）	2296	办事人员	0.6
2. 产业（第一产业为参照）	—	个体户	32.9
第一产业	3.2	商业服务人员	25.9
第二产业	31.0	工人	25.3
第三产业	65.8	自由职业及其他	2.3
3. 职业阶层（办事人员为参照,%）	—	4. 城市类型（超大城市 =1,%）	9.1
单位负责人	0.2	5. 住房系数	0.211
私营企业主	8.8	6. 是否参加城镇医保（参加 =1,%）	11.6
专业技术人员	4.0	7. 家庭人口（人）	2.6

（一）消费支出水平的影响因素分析

对于消费支出水平，根据以上分析，提出如下具体假设：

假设 1：收入水平越高，则消费支出水平越高；

假设 2：工作所属的产业不同，其消费支出水平不同；

假设 3：职业地位不同，其消费支出水平不同；

假设 4：居住城市规模不同，其消费支出水平不同；

假设 5：居住系数越高，消费支出水平越高；

假设 6：有无医疗保险，其消费支出水平会不同，有医疗保险者消费支出水平高；

假设 7：家庭人口越多，其消费支出水平越低。

把上述各自变量纳入方程，对消费支出水平进行多元回归分析。结果显示，回归模型成立，且解释力还是比较强的，调整后的 R^2 达到了 0.416，说明用该模型去预测消费支出水平，可以解释掉 41.6% 的误差。各自变量都非常显著，显著性水平都小于

0.05，证实了本研究的最初假设，具体如表4－14所示。

表4－14　月人均总支出的多元回归分析模型结果

变量	Unstandardized Coefficients		Standardized Coefficients	T	Sig.
	B	Std. Error	Beta		
常数项	834.828	25.541		32.686	0
月人均总收入	0.207	0.001	0.526	236.609	0
第二产业	109.45	13.263	0.064	8.253	0
第三产业	199.875	12.608	0.119	15.853	0
单位负责人	87.672	42.263	0.005	2.074	0.038
私营企业主	59.596	22.512	0.021	2.647	0.008
专业技术人员	－ 101.66	23.084	－ 0.025	－ 4.404	0
个体户	－ 45.02	22.031	－ 0.027	－ 2.044	0.041
商业服务人员	－ 148.756	21.981	－ 0.082	－ 6.768	0
工人	－ 230.28	22.052	－ 0.126	－ 10.442	0
自由职业者及其他	－ 204.681	24.269	－ 0.039	－ 8.434	0
北上广深与其他城市	50.397	5.64	0.018	8.936	0
住房系数	122.058	10.215	0.026	11.949	0
是否参加城镇医保	124.319	5.168	0.053	24.057	0
家庭人口	－ 128.964	1.479	－ 0.201	－ 87.178	0
模型	N = 140901 F = 7170 *** 调整后 R^2 = 0.416				

注：***P < 0.01，**P < 0.05，*P < 0.1。

通过回归分析模型可以得出如下结论：一是家庭人均收入越高，其人均消费支出水平越高，家庭收入水平提高 1 元，其消费支出水平提高 0.21 元。二是农民工所从事工作的产业领域不同，在控制了收入的影响后，其消费水平仍然有所不同。模型中第三产业的非标准回归系数 B 的值是 199.875，说明在其他因素都相同的情况下，第三产业从业者的支出比第一产业要高出约 200 元。三是职业地位的影响，各职业阶层与办事人员相比都有显著差别，其中单位负责人、私营企业主人均消费高于办事人员，专业技术人员、个体户、商业服务人员、工人、自由职业者及其他消费水平则低于办事人员。职业地位越高，消费水平越高，这与以往的研究是一致的。在控制了收入、住房等其他因素的影响后，超大城市与其他城市在消费水平方面的差别依然是显著的，超大城市比非超大城市消费水平更高。住房系数对消费水平的影响也非常显著，住房系数越高，消费水平越高。是否参加城镇医保对家庭消费水平的影响也是非常显著的，参加城镇医保者比没有参加者消费支出高 124 元。家庭人口对家庭人均总支出的影响也非常显著，但是其影响是负的，即家庭人口每增加一人，其人均消费支出则降低 129 元，这说明，以家庭为单位的迁移更具有规模效应，有利于降低人均消费支出费用。

（二）恩格尔系数的影响因素分析

恩格尔系数是一个结构变量，它从比例关系上衡量消费水平及消费质量，该系数同样受多种因素影响。下面检验上述自变量对恩格尔系数的影响，提出如下具体假设：

假设 1：收入水平越高，恩格尔系数越低；

假设 2：工作所属的产业不同，其恩格尔系数不同；

假设 3：职业地位不同，其恩格尔系数不同，职业地位越高

恩格尔系数越低；

假设4：居住城市类型不同，其恩格尔系数不同；

假设5：居住系数越高，恩格尔系数越低；

假设6：有医疗保险者工作稳定性强，恩格尔系数会低；

假设7：家庭人口越多，其恩格尔系数越低。

具体回归分析结果如表4-15。

表4-15　恩格尔系数影响因素的回归分析结果

变　量	Unstandardized Coefficients		Standardized Coefficients	T	Sig.
	B	Std. Error	Beta		
常数项	.579	.007		82.876	0.000
月人均总收入	-8.618E-06	.000	-.097	-35.860	.000
第二产业	.013	.004	.034	3.540	.000
第三产业	-.006	.003	-.017	-1.879	.060
单位负责人	-.009	.012	-.002	-.762	.446
私营企业主	-.007	.006	-.011	-1.126	.260
专业技术人员	.013	.006	.014	1.986	.047
个体户	-.005	.006	-.012	-.757	.449
商业服务人员	.008	.006	.020	1.324	.185
工人	.021	.006	.051	3.460	.001
自由职业者及其他	.021	.007	.017	3.092	.002
北上广深与其他	-.008	.002	-.013	-5.106	.000
住房系数	-.338	.003	-.318	-120.577	0.000
是否参加城镇医保	-.005	.001	-.009	-3.272	.001
家庭人口	-.007	.000	-.050	-17.774	.000
模型	N = 140497 F = 1651.55 *** R^2 = 0.141				

注：*** $P < 0.01$，** $P < 0.05$，* $P < 0.1$。

结果显示，该回归模型成立，调整后的 R^2 是 0.141。各自变量的影响都是显著的，证实了前面提出的假设。具体而言，收入对恩格尔系数的影响是显著的，收入越高，恩格尔系数越低。从产业看，第二产业与第一产业从业者在恩格尔系数上显著不同，第二产业的更高一些，第三产业比第一产业略低，其差别在 0.1 的显著性水平下显著。从职业来看，单位负责人、私营企业主、个体户恩格尔系数低于办事人员，专业技术人员、商业服务人员、工人、自由职业者及其他恩格尔系数高于办事人员，与其有显著差别。即使控制了收入、房价、保障制度等其他因素，北上广深这几个超大城市的恩格尔系数仍然低于其他城市，与这些城市有显著差别。这说明，无论从消费支出水平，还是从支出结构来看，超大城市农民工的消费质量都更高一些。"是否参加城镇医疗"的影响也是显著的，参加城镇医保者的恩格尔系数要低于没有参加医保者。此外，家庭人口对恩格尔系数的影响也是很显著的，家庭人口越多，恩格尔系数越低。

五　结论

以上通过对超大城市与非超大城市、各超大城市之间农民工消费状况的对比分析，从不同层面展示了农民工在超大城市的消费状况以及其影响因素，概括起来，可以得出如下结论。

首先，超大城市农民工的收入消费都高于非超大城市，其消费倾向则低于非超大城市，结余比例高。

其次，超大城市内部存在明显差距，这些差别由于收入水平、物价水平、住房来源及房租水平的不同而不同。

再次，即使排除物价、收入、房租等因素，超大城市农民工的消费水平仍然高于非超大城市，其消费结构更加合理，恩格尔系数更低。

又次，无论超大城市还是非超大城市，恩格尔系数低的农民工的饮食消费支出水平也低，恩格尔系数高者其饮食支出水平也高，与总支出水平和房租支出水平反向变化。这是和常识背离的一个发现。

最后，无论是超大城市还是非超大城市，农民工的消费水平、消费结构都受到多种因素的综合影响。

第五章 超大城市农民工社会
保障状况

一 问题的提出

我国正处于工业化和城镇化快速发展的阶段，随着改革开放的步伐不断深入以及地区间的交流愈发紧密，20 世纪 80 年代的中国出现了第一批大规模农村人口向超大城市流动的现象。30 多年来，一批批进城务工人员为超大城市的发展、城市的进步做出了巨大的贡献。从"第一代"农民工到"新生代"农民工，农民工群体在促进城市经济发展的同时，也完成了一次身份的转变。他们在城市融入这一过程中，面临着"离乡难归乡，入城难融城"的"半城市化"尴尬局面。面对农民工这样一个数量逐年递增的群体，为他们提供必要的社会保障制度并逐步实行全面覆盖，对解决农民工半城市化、推进城市化将起到关键的作用。

社会保险作为社会保障制度中的一个最重要的组成部分，不仅为居民的生活提供了基本的经济保障，且在实现再分配的同时促进了社会经济的发展。改革开放以来，城市中的社会保障体系逐步完成了从计划经济时期的单位保障制转向与市场经济相适应的社会保障制，全体有城镇户籍的居民也逐步被社会保障体系纳入、覆盖。然而，由于我国长期封闭的城乡二元结构和城乡社会发展的差距不断扩大，农民工群体中很大一部分人员的户籍与工作地相分离。面对这些为超大城市的发展做出积极贡献的群体，伴随着进城务工的农民工数量愈发庞大，他们在工作、生活中的权益保障问题已成为不容忽视的焦点，其中的核心问题莫过于社会保险问题。

作为城市中的弱势群体，农民工较城市居民而言，多从事着较为底层的工作，在工作中也承受着更大的风险。但由于各种各样的原因，针对农民工这一特殊群体的社会保险政策尚不完善，农民工的参保水平普遍较低，在过去很长一段时间内他们被完全排除在社会保险范围之外。究其原因，无非是我国在社会主义市场经济确立之初，将城镇原来的公有制单位职工的社会保险问题视为社会保障制度的重心，城镇职工也就成为社会保险的主要覆盖对象。但随着我国城市化、现代化的脚步不断加快，农民工俨然已经成为我国产业工人队伍中的生力军，却被抛在了社会保险制度之外。伴随着"三农"问题的持续升温，农民工的社会保障问题也逐渐受到我国专家、学者和政府的重视，其开始从事相关问题的研究。农民工社会保障问题不仅是维护农民工自身合法权益、产业工人再生产、农民工城市化等问题，也是关系我国经济发展、产业升级、新型城镇化等国计民生问题的大事。

目前，我国城乡一体化的社会保障体系是我国社会保障制度建设的目标，但是农民工的流动性较强，各地的社会保险政策不统一，尤其是各地保险之间不能顺利转接，使得农民工社会保险参保状况不容乐观。本书针对这一突出的社会问题，利用国家卫生和计划生育委员会于2013年所做的"流动人口动态监测调查问卷"的相关数据，选取具有代表性的北上广深四个超大城市农民工社会保险的参保状况和影响因素进行分析。超大城市相对其他各级城市在农民工就业的规范性和劳动监管等方面要相对完善。因此，考察超大城市农民工社会保险的参保状况与影响因素，对分析全国2.6亿农民工社会保险的参保状况具有较强的借鉴意义，同时对完善农民工的城市化、推动新时期的新型城镇化建设具有重要的现实意义。

二　理论研究

（一）国外研究现状

社会保障作为影响农民工城市化的重要因素，对推动农民工城市化起到了积极的作用。由于农民工是中国特色社会主义的特有现象，在西方资本主义国家并不凸显，因此西方国家很少有针对农民工社会保险的专门研究。即便如此，劳动力从农村向城市转移是各国工业化、城市化进程中的必经之路，仍可借鉴。

其中，凯恩斯主义理论认为，国家应该通过实施宏观经济政策对国家的整体经济运行进行有效的积极干预，主张采用累进税制和社会福利手段相结合的方式，将从富人身上征收的税款转移到弱势群体的身上，为他们提供生活救济。但政府对弱势群体所提供的帮扶仅为"有限责任"的社会保障，这种保障仅起到辅助作用，公民自身仍要对住房、医疗、养老等多种社会保障项目承担个人责任。

到目前为止，西方社会对农民工权益保障的研究主要集中在一些对弱势群体的救助问题探讨上，他们更强调对弱势群体提供就业、政策方面的支持，而并非简单地为他们提供社会生活保障。同时，国外对农民工权益救助的另一个主要途径是借助非政府组织、宗教慈善服务组织等。且政府组织和社会组织之间的协调、整合性较强，管理的整合性较高，基本做到了社会保险与经济管理的有机结合。当然，这与西方对社会保障制度的研究起步时间较早，且持续、平稳的关注是分不开的。

例如率先在19世纪末建立社会保险制度的德国，面对当时大量进入城市寻找工作的农民，德国政府于1927年颁布了《职业介绍法和失业保险法》，并在其中强制规定全体工人和职员都需要参加失业保险和医疗保险。德国以这种强制义务性质的方式"迫使"在德国城市中工作的农民工享有社会保险，提高了保险参保水平，实际也的确保护了农民工的权益。

以英国为代表的福利型养老保障国家将"普惠制"作为基本原则，养老保险基本覆盖到全体国民。无论是农民工还是其他岗位的人员，只要符合退休标准，均可以无条件从政府那里领取养老金。从1601年颁布的《济贫法》，到1897年的《工人赔偿法》，再到后来的《国民救助法》，英国政府对国民，特别是对弱势群体的权益保障、救助体系愈发健全、完善。

为了解决农业劳动力转移和大批量农民进入城市之间的矛盾，早期的日本政府将关注点放在对农民的职业教育、培训上，为他们提供就业资源，加大对农村企业、工业设施的扶持力度，为农民提供较为优厚的农村就业福利政策，完善农村劳动力的社会保险。由于日本对工人实行终身雇用制，社会保险的起步时间也较早，因此现在的日本已成为亚洲社会保障体系最健全的国家。[1]

---

① 刘芳：《国外"农民工"社会保障经验及其借鉴》，《乡镇经济》2007年第6期。

（二）国内研究现状

农民工群体的规模从 1978 年的 15 万到现如今逼近 3 亿，已俨然成为社会中不可小觑的一股强大力量。由于他们在就业、住房、社会保险、福利待遇等多方面处于弱势地位，因此也成为政府、学界以及媒体等多方面关注的焦点。

与西方社会对农民工参加社保的研究相类似，我国专家学者对该问题的研究也多集中在农民工社会保障制度模式构建上，如农民工社会保障模式构建的三种典型观点，即城保模式、农保模式、过渡模式。张丽艳等认为城乡二元体制的根结在于城乡社会保障制度的差异，从而也使得我国经济出现分层发展的现象。[①] 华迎放认为为了提高我国农民工的社会保障，现阶段应为他们建立过渡性的个人账户。[②] 郑秉文认为我国应将农民工群体的社保纳入统一的社保制度中，这样有利于缓解我国由于长期二元经济体制所带来的城乡发展差距扩大的问题。[③]

同时，对农民工社会保障状况调研更多集中在农民工参保状况上，如每年的全国流动人口监测报告对农民工的参保状况进行描述分析，但是对农民工参保率低大多停留在定性分析上，缺少定量的实证分析。定性研究一般认为：农民工的受教育程度普遍偏低，对社会保险的认识较为欠缺，因此从他们自身的角度而言，社会保险的缴费积极程度并不高。同时，雇用单位考虑到农民工的流动性较强，且为了寻求一时的利益最大化，也并不积极为该

[①] 张丽艳、袁城、陈余婷：《农民工市民化的社会保障机制创建——基于我国东、中、西部及东北部分地区的农村调查》，《东岳论丛》2008 年第 2 期。

[②] 华迎放：《农民工社会保障模式选择》，《中国劳动》2005 年第 5 期。

[③] 郑秉文：《解决农民工社保不能"打补丁"》，《中国劳动保障报》2008 年 5 月 7 日。

群体缴纳社会保险费。加上政府部门对农民工社会保险缴费监管力度较弱，从而导致我国农民工社会保险制度从整体上不够完善。

赵玲认为，普遍收入较低、工作地点变换频繁以及固有观念，是农民工参加社会保险积极性较低的重要因素。[①] 张晓龙认为，城乡户籍制度的差异使得农民工无法获得同等的社会保障，进而无法真正完成城市化。且由于缺乏针对农民工参保的法律规定，各地方政府的处理意见也不尽相同，加上监管手段单一，农民工参与社保的真实情况、存在问题很难得到应有的反馈、保障。[②]

鉴于此，本书欲以我国北上广深四个较为有代表性的超大城市农民工群体为例，从超大城市的农民工群体出发，以各项社会保险为自变量，以年龄、文化程度、收入、职业、单位性质等7个方面为因变量，从主观条件和客观原因两个方面，分析各因素对他们参加社会保险的影响程度，进而更有针对性地为促进和提高农民工社会保险的参保率提供一定的思路和依据。

三 数据来源与研究假设

（一）数据来源

本书使用的数据是"国家卫生计生委流动人口动态监测数据"（2013年），研究对象为北上广深四个超大城市农民工群体，选取了年龄、性别、婚姻状况、单位性质、就业身份等多重变量，以分析影响超大城市流动人口参加社会保险的因素。需要说明的

---

① 赵玲：《影响农民工参加社会保险积极性的因素探讨》，《科学咨询（决策管理）》2008年第7期。

② 张晓龙：《城市农民工社会保险制度探析》，《法制与社会》2008年第2期。

是，本书中我们所谈到的社会保险参保状况，均为在流入地参加城镇职工社会保险，并不包括在其原籍（老家）参加的社会保险，这样做以便于后文分析农民工市民化问题。

（二）样本基本情况

如表 5 - 1 所示，在此次被收集回的 198795 例有效流动人口个案信息中，超大城市农民工为 19974 例。其中，北上广深四个城市的农民工比例分别为：36%、42.3%、11.7% 和 10%。男性农民工占总体比例的 48.3%，女性占 51.7%。在这一群体中，以80 后新生代农民工居多，年龄较大的 50 后农民工较少，已逐步退出劳动力市场。从受教育程度方面来看，超大城市农民工多为初中教育水平，其次是高中教育水平，而大专、本科及以上的人员比例却较低，这说明即使是超大城市的农民工，其学历也普遍较低。此次被访的超大城市农民工职业多集中在服务业、小商贩以及生产、建筑、运输等有关人员，他们工作单位的性质以私营企业或个体工商户为主，就业身份也多为雇员。超大城市农民工的月工资收入多集中在 2000 元以下及 2000 ~ 3000 元，分别占22.6% 和 33.3%，收入普遍较低。

表 5 - 1　变量名、类型、赋值和分布描述表

变　量	变量类型	变量值	样本分布
性别	虚拟变量	0. 男	49.7%
		1. 女	50.3%
年龄	定距变量	1. 90 后	15.3%
		2. 80 后	40.5%
		3. 70 后	30.1%
		4. 60 后	12.5%
		5. 50 后	1.6%

续表

变 量	变量类型	变量值	样本分布
受教育程度	定距变量	1. 小学及以下	12.2%
		2. 初中	57.9%
		3. 高中	16.8%
		4. 中专	6.0%
		5. 大专	5.1%
		6. 本科及以上	2.0%
婚姻状况	虚拟变量	0. 未婚	22.3%
		1. 已婚	77.7%
职业类型	定距变量*	1. 商业、服务业、生产、建筑、运输等从业人员	84.4%
		2. 专业技术人员、办事人员	6.9%
		3. 国有企事业单位负责人	8.7%
单位性质	定距变量*	1. 个体工商户	38.59%
		2. 私营企业	44.20%
		3. 三资企业	11.08%
		4. 机关、事业单位、国有及国有控股企业	6.13%
就业身份	定距变量*	1. 家庭帮工	2.8%
		2. 自营劳动者	20.6%
		3. 雇员	57.7%
		4. 雇主	7.2%
收入	定距变量	1. 2000 元以下	25.28%
		2. 2001~3000 元	37.25%
		3. 3001~4000 元	17.90%
		4. 4001~5000 元	10.40%
		5. 5001~6000 元	3.36%
		6. 6000 元以上	5.81%

注：定距变量带"＊"表示原来均是定序变量，但为统计方便而将其近似看作定距变量。

职业类型、单位性质和就业身份都是根据经验分析排序。

（三）超大城市农民工参加社会保险的基本情况

超大城市农民工参加社会保险的情况如表 5 - 2 所示，可以看出，参保率普遍较低，各地各项的保险参保率均在 50% 以下，大多数集中在 20% ~ 30% 之间。其中，平均参保率最高的是城镇职工养老保险，为 27.5% ；而平均参保率最低的是生育保险，该项平均参保率为 8.5% 。由此可以初步看出：近年来，超大城市农民工整体的社会保险参加状况不容乐观，各项社会保险平均参保率比例不到三分之一，超大城市的大部分农民工仍然不能享有城镇职工的社会保险制度。

表 5 - 2　北上广深农民工在本地参保率

单位：%

项目	北京	上海	广州	深圳	平均参保率
城镇职工养老保险	18.6	30.9	22.3	38.3	27.5
城镇职工医疗保险	17.2	33.7	21.4	28.6	25.2
工伤保险	21.5	8.5	29.4	42.4	25.5
失业保险	16.5	21.5	17.1	27.1	20.6
生育保险	6.5	6.3	9.2	12.0	8.5
住房公积金	4.5	3.4	10.2	13.8	8.0

横向比较北上广深四地农民工的各项参保率可以看出，深圳和广州的农民工在上述四个超大城市中参加社会保险的比例较高。这一方面与深圳和广州早期实行农民工城保模式有关；另一方面也与深圳作为移民城市，大量用工都是农民工，要提高社会保险覆盖率，农民工的社会保险覆盖率必然也会提高有关。与其相比较，北京作为首都，在四个超大城市中农民工社会保险参保率却较低。这一方面可能与北京市早期实行农民工社会保险的分项过渡模式有关；另一方面也与北京市的农民工占总体职工的比例不

如深圳和广州高，同时其就业相对而言更多集中在商贸、餐饮、家政服务等行业，而没有深圳那样高比例的工厂工人有关。上海农民工的养老、医疗和失业参保比例都较高，但是工伤保险参保率在四个超大城市中显著偏低（8.5%），不到第三位（北京）农民工工伤保险覆盖率的二分之一。若排除调查数据的误差，其中的原因值得我们去探究。

（四）研究假设

目前，中国社会保险体系的设计原则是权利义务对等制，在社会保险的缴费责任方面，主要由国家、单位和个人三方承担相应的责任。研究影响农民工社会保险参保的原因，从定性分析来看，大多从这三个方面进行了研究。本书根据文献综述的相关分析和对问卷的初步统计可得，农民工是否参加社会保险既与农民工个体因素有关，如年龄、性别、受教育程度和收入状况，也受到客观因素的制约，如职业、单位性质、就业身份等状况。基于此，本书提出研究假设。

从农民工个体因素来分析，参加城保还是农保很大程度上受农民工未来发展预期所影响。农民工的相关研究结论发现，新生代农民工在留城意愿方面要强于老一代农民工。[①] 因此提出如下模式。

假设一：农民工的年龄对农民工参保影响是反向的，即年龄越小，参保率越高。

假设二：在性别方面，由于受就业的性别歧视因素影响，男性较女性参保率要高。

---

① 章雨晴、郑颂承：《农民工城市定居意愿的代际比较——基于南京市 284 位农民工的调查》，《湖南农业大学学报》（社会科学版）2013 年第 2 期。

假设三：受教育程度对农民工参保影响是正向的，即受教育程度越高，参保率越高。在受教育程度上，受教育程度越高，对城市生活的预期越强烈，并且对社会保险制度的认识也会好于受教育程度低的农民工。

假设四：在收入方面，由于我国社会保险主要实行的是单位和个人都具有缴费责任，因此收入水平越高，参保率越高。

假设五：单位性质对农民工是否参保的影响显著，越是大型正规就业单位，其职工参保率越高。从客观因素分析，在农民工就业市场中，单位为职工缴纳社会保险费用是职工参保的一个重要条件。由于社会保险的强制性，单位本应都为在职职工缴纳社会保险费，但是企业性质不同，规范用工的程度也不同。

假设六：职业层次对农民工是否参保影响显著，职业层次越高，农民工参保率越高。从职业地位来分析，在被雇用的农民工中，由于具有较高职业地位的农民工在劳动力市场中更受欢迎，其用工规范程度也相应较高。

假设七：越是雇员身份的农民工其参保率越高。从就业身份来讲，主要可以分为自雇和雇员身份，农民工作为雇主身份的企业规模小，就业并不规范。

假设八：农民工是否参加社会保险，既受到个体因素的影响，也会受到客观因素的影响。由于社会保险的强制性原则，因此提出，相对主观因素对参保影响程度，客观因素对参保的影响程度占据主导地位。

四　超大城市农民工参保的影响因素分析

（一）变量的选择

本研究的因变量是"是否参加城镇社会保险"，为了便于二元 Logistic 模型分析，本书将"不确定"的选项剔除，编码为虚拟变量，0 为"没有"，1 为"有"。

本研究针对"五险一金"分别对城镇社会保险的参加状况进行了二元 Logistic 回归分析，根据相关分析结果，去掉不相关变量，将变量分为主观条件变量和客观条件变量。主观条件主要为个体特征和收入相关变量，客观条件主要是就业状况相关变量。将这两类变量放入模型 1、模型 2 中。

（二）超大城市农民工参保的影响因素分析

1. 养老保险参保的影响因素分析

第一，对于个体因素而言，个体特征对农民工是否参加城镇养老保险有显著影响。模型 1 引入了四个变量：年龄、性别、受教育程度、月收入。从回归结果来看，年龄、受教育程度均通过了显著性检验。越年轻的农民工，城镇养老保险参保率越高。受教育程度越高的农民工，城镇养老保险参保率也越高。

第二，对于客观因素而言，职业地位对农民工是否参加城镇养老保险有显著影响。单位性质属于国有企事业单位的农民工比在私营企业工作的农民工更倾向于参加城镇职工养老保险。就业身份属于受雇型的农民工更倾向于参加城镇职工养老保险。

从经验和养老保险需求来看，老年农民工的养老保险需求要远远高于年轻的农民工群体，但是为什么反而年轻农民工参保率更高呢？从模型 1、模型 2 的比较中我们可以看出，年龄对农民工参保的影响到了模型 2 中变得不显著了，说明真正影响农民工参保的因素并不是年龄因素，而是年龄背后的某一因素起到了真正的作用。对比分析，单位性质、就业身份和职业层次上，新老农民工差异明显，年轻的农民工在就业规范程度和职业层次上都要高于老一代农民工，而这是这一群体参保率高的真正原因，而不是农民工对养老需求所导致的。但是养老保险的推进一定要与社会群体的老年风险和养老需求相吻合。因此，在推进农民工养老保险制度建设和实践中，老年农民工的养老保险参保问题更值得关注。

如表5-3所示，本书将个体因素、客观因素分别引入Logistic回归模型中，对这两个模型调整拟 R^2 值的变化情况，从表中可以看出它们对"农民工是否参加城镇职工养老保险"解释度的变化情况。在模型1中个体因素的四个变量仅能解释7.9%的参保变化情况，模型2在模型1的基础上导入了职业状况相关变量后，模型解释力提高到27%。由此可见，模型2引入的变量对农民工是否参加养老保险的解释力大增，也就是说客观因素对农民工是否参加城镇职工养老保险具有较好的解释力。

表5-3　农民工参加城镇职工养老保险的影响因素（Logistic 模型）

变　量	模型 1		模型 2	
	B	Exp（B）	B	Exp（B）
年龄	- 0. 047 *** （0. 012）	0. 954	- 0. 019 （0. 013）	0. 982
性别	- 0. 013 （0. 041）	0. 987	- 0. 088 （0. 055）	0. 916
受教育程度	0. 433 *** （0. 018）	1. 542	0. 300 *** （0. 022）	1. 350
月收入	0. 009 （0. 015）	1. 009	0. 081 *** （0. 018）	1. 085
职业			0. 488 *** （0. 067）	1. 629
单位性质			0. 945 *** （0. 027）	2. 573
就业身份			- 0. 201 *** （0. 038）	0. 818

续表

变　量	模型 1		模型 2	
	B	Exp（B）	B	Exp（B）
常量	−2.233 （0.096）	0.107	−0.794 （0.181）	0.022
−2LL	15434.775		11976.371	
调整 R^2	0.079		0.270	

注：＊P<0.1，＊＊P<0.01，＊＊＊P<0.05，括号内为标准误。

2. 医疗保险参保的影响因素分析

第一，对于个体因素而言，个体特征对农民工是否参加城镇职工医疗保险有显著影响。模型1引入了四个变量：年龄、性别、受教育程度、月收入。从回归结果来看，年龄、受教育程度均通过了显著性检验。越年轻的农民工，城镇职工医疗保险参保率越高；受教育程度越高，城镇职工医疗保险参保率也越高。

第二，对于客观因素而言，职业地位对农民工是否参加城镇职工医疗保险有显著影响。单位性质属于国有企事业单位的农民工比在私营企业工作的农民工更倾向于参加城镇职工医疗保险。就业身份属于受雇型的农民工更倾向于参加城镇职工医疗保险。

对比养老保险，在医疗保险参保的影响因素中，年龄在模型1和模型2中的影响都显著，这说明年龄对农民工的医疗保险参保具有影响作用。在养老保险的模型2中，年龄的影响表现为不显著，很可能是新老农民工在就业规范程度和养老需求这两个方面的反向影响因素所致。而在医疗保险方面，农民工由于都有新型合作医疗，对城镇职工的医疗保险需求并不强烈，更何况就业不规范的农民工一旦出现身体健康问题，就业很难得到保证。因此，年龄在医疗保险参保影响因素的模型1、模型2中都表现明显。

从表 5 - 4 中可以看出，个体因素、客观因素对"农民工是否参加城镇职工医疗保险"解释度的变化情况。在模型 1 中个体因素四个变量仅能解释 7.4% 的变化情况，在模型 2 中导入了客观因素后，模型解释力提高到 27.8%。由此可见，模型 2 引入的变量对农民工是否参加职工医疗保险的解释力影响较大，也就是说客观因素的相关变量对农民工是否参加职工医疗保险具有较好的解释力。

表 5 - 4　农民工参加城镇职工医疗保险的影响因素（Logistic 模型）

变　量	模型 1		模型 2	
	B	Exp（B）	B	Exp（B）
年龄	- 0. 068 *** (0. 012)	0. 934	- 0. 046 *** (0. 013)	0. 955
性别	0. 015 (0. 041)	1. 015	- 0. 028 (0. 055)	0. 973
受教育程度	0. 407 *** (0. 018)	1. 502	0. 263 *** (0. 022)	1. 301
月收入	- 0. 011 (0. 015)	0. 989	0. 064 *** (0. 019)	1. 066
职业			0. 417 *** (0. 067)	1. 518
单位性质			1. 004 *** (0. 028)	2. 730
就业身份			- 0. 159 *** (0. 038)	0. 853
常量	- 2. 040 (0. 096)	0. 130	- 3. 714 (0. 182)	0. 024
- 2LL	15390. 678		11859. 676	
调整 R^2	0. 074		0. 278	

注：＊P＜0.1，＊＊P＜0.01，＊＊＊P＜0.05，括号内为标准误。

3. 工伤保险参保的影响因素分析

第一，对于个体因素而言，个体特征对农民工是否参加工伤保险有显著影响。模型 1 引入了四个变量：年龄、性别、受教育程度、月收入。从回归结果来看，年龄、性别、受教育程度变量均通过了显著性检验。越年轻的农民工，工伤保险参保率越高；男性较之女性参加工伤保险比例要高；受教育程度越高，工伤保险参保率越高。

值得注意的是性别因素在养老保险、医疗保险中都没有显著影响，而在工伤保险中，性别因素表现出显著影响。从这一点也可以看出，农民工在城市就业中，男性较女性更多从事高风险、强体力的就业岗位。因此，在工伤保险中才会表现出明显的性别差异。

此外，从月收入方面，我们看到在模型 1 中表现并不明显，而在模型 2 中，月收入在加入客观因素的变量后影响明显。这说明从单一的月收入因素来看，并不是收入越高工伤保险的参保率越高，但是在控制住职业、就业身份和单位性质等因素后，收入对是否参加工伤保险的影响还是显著的。这说明在同样的客观条件下，收入越高，工伤保险的参保率越高。

第二，对于客观因素而言，职业层次和单位性质对农民工是否参加工伤保险有显著影响。就业身份属于受雇型的农民工更倾向于参加工伤保险。职业层次越高的农民工工伤保险的参保率越高。

如表 5 - 5 所示，将个体因素变量分别引入 Logistic 回归模型中，对这两个模型调整拟 R^2 值的变化情况，从表 5 - 5 中可以看出它们对"农民工是否参加工伤保险"解释度的变化情况。在模型 1 中个体因素的四个变量能解释 10.5% 的参保情况，模型 2 在模型 1 的基础上导入了职业地位变量后，模型解释力提高到

27.4%，由此可见，模型 2 引入的变量对农民工是否参加工伤保险的解释力影响较大，也就是说客观因素对农民工是否参加工伤保险具有较好的解释力。

表 5-5 农民工参加工伤保险的影响因素（Logistic 模型）

变 量	模型 1		模型 2	
	B	Exp（B）	B	Exp（B）
年龄	-0.129*** （0.014）	0.879	-0.134*** （0.016）	0.875
性别	-0.214*** （0.048）	0.807	-0.177*** （0.063）	0.838
受教育程度	0.450*** （0.022）	1.568	0.297*** （0.026）	1.346
月收入	-0.009 （0.018）	0.991	0.065*** （0.022）	1.068
职业			0.519*** （0.084）	1.681
单位性质			0.927*** （0.032）	2.526
就业身份			-0.029 （0.045）	0.971
常量	-1.803 （0.111）	0.165	-3.651 （0.210）	0.026
-2LL	11089.329		8749.443	
调整 R^2	0.105		0.274	

注：＊P＜0.1，＊＊P＜0.01，＊＊＊P＜0.05，括号内为标准误。

4. 失业保险参保的影响因素分析

第一，对于个体因素而言，个体特征对农民工是否参加失业保险有显著影响。模型 1 引入了四个变量：年龄、性别、受教育程度、月收入。从回归结果来看，年龄、受教育程度均通过了显著性检验。越年轻的农民工，失业保险参保率越高；受教育程度越高，失业保险参保率越高。

从模型 1 和模型 2 的对比中可以看出，收入在模型 2 中显示影响显著，这也说明收入在控制客观因素以后，其对农民工失业保险的参保影响是显著的。

第二，对于客观因素而言，职业地位对农民工是否参加城镇失业保险有显著影响。单位性质影响力最强，单位性质属于国有企事业单位的农民工相比私营企业的农民工更倾向于参加城镇失业保险。就业身份属于受雇型的农民工更倾向于参加失业保险。

如表 5 - 6 所示，将个体因素、客观因素分别引入 Logistic 回归模型中，对这两个模型调整拟 R^2 值的变化情况，从表 5 - 6 中可以看出它们对"农民工是否参加失业保险"解释度的变化情况。在模型 1 中个体因素的四个变量能解释 7.8% 的参保情况，在模型 2 中导入了职业因素后，模型的解释力度提高到 22.5%，由此可见，模型 2 引入的变量对农民工是否参加失业保险的解释力影响大，也就是说客观因素对农民工是否参加失业保险具有较好的解释力。

表 5 - 6　农民工参加失业保险的影响因素 （Logistic 模型）

变　量	模型 1		模型 2	
	B	Exp（B）	B	Exp（B）
年龄	- 0.067 *** （0.013）	0.935	- 0.048 *** （0.014）	0.953
性别	- 0.048 （0.045）	0.953	- 0.065 （0.057）	0.937
受教育程度	0.424 *** （0.019）	1.529	0.293 *** （0.022）	1.341

续表

变　量	模型 1		模型 2	
	B	Exp（B）	B	Exp（B）
月收入	0.011 （0.016）	1.011	0.081*** （0.019）	1.084
职业			0.280*** （0.066）	1.324
单位性质			0.856*** （0.027）	2.355
就业身份			-0.099** （0.039）	0.906
常量	-2.475 （0.103）	0.084	-3.947 （0.183）	0.019
-2LL	13490.799		10949.084	
调整 R²	0.078		0.225	

注：＊P＜0.1，＊＊P＜0.01，＊＊＊P＜0.05，括号内为标准误。

5. 生育保险参保的影响因素分析

第一，对于个体因素而言，个体特征对农民工是否参加生育保险有显著影响。模型 1 引入了三个变量：年龄、性别、受教育程度。从回归结果来看，年龄、受教育程度均通过了显著性检验。统计结果显示：越年轻农民工，生育保险参保率越高；受教育程度越高，参加生育保险的比例越高。

第二，对于客观因素而言，职业地位对农民工是否参加生育保险有显著影响。就业身份对农民工是否参加城镇生育保险影响力较弱，职业、单位性质的影响力却很强，职业层次越高的农民工生育保险参保率越高，单位性质属于国有企事业单位的农民工生育保险参保率越高。

如表 5 - 7 所示，本书将个体因素、客观因素分别引入 Logistic

回归模型中,对这两个模型调整拟 R^2 值的变化情况,从表 5 - 7
中可以看出它们对 "农民工是否参加生育保险" 解释度的变化情
况。在模型 1 中个体因素的三个变量能解释 33.9% 的参保情况,
在模型 2 中导入了职业状况变量后,解释力提高到 45.4% 。由此
可见,模型 2 引入的变量对农民工是否参加生育保险的解释力影
响大,也就是说客观因素对农民工是否参加生育保险具有较好的
解释力。

表 5 - 7　农民工参加生育保险的影响因素（Logistic 模型）

变　量	模型 1		模型 2	
	B	Exp（B）	B	Exp（B）
年龄	- 0. 068 *** (0. 023)	0. 934	- 0. 020 (0. 025)	0. 981
性别	19. 544 (442. 451)	3. 075E8	19. 740 (459. 055)	3. 741E8
受教育程度	0. 597 *** (0. 027)	1. 816	0. 503 *** (0. 033)	1. 653
职业			0. 719 *** (0. 108)	2. 052
单位性质			0. 628 *** (0. 043)	1. 874
就业身份			- 0. 601 (0. 061)	0. 548
常量	- 23. 200 (442. 451)	0. 000	- 23. 703 (457. 055)	0. 000
- 2LL	5764. 920		4319. 171	
调整 R^2	0. 339		0. 454	

注：* $P < 0.1$ ，* * $P < 0.01$ ，* * * $P < 0.05$ ，括号内为标准误。

6. 享有住房公积金的影响因素的分析

第一，对于个体因素而言，个体特征对农民工是否参加住房公积金有显著影响。模型 1 引入了四个变量：年龄、性别、受教育程度、月收入。从回归结果来看，三个变量通过了显著性检验。统计结果显示：越年轻的农民工，享有住房公积金的比例越高；受教育程度越高，享有住房公积金的比例越高；月收入越高，享有住房公积金的比例越高。

由此可见，住房公积金不论是在模型 1 中还是在模型 2 中，其个体因素变量的影响显著较多，这说明住房公积金作为非强制性变量，其主观条件和意愿对其是否享有这一住房福利都有较大的影响。

第二，对于客观因素而言，职业地位对农民工是否参加住房公积金有显著影响。农民工的职业层次越高，享有住房公积金的比例越高；单位性质属于国有企事业单位的农民工相比私营企业的农民工更多享有住房公积金；就业身份对农民工享有住房公积金影响也较为显著。

如表 5 - 8 所示，本书将个体因素、客观因素分别引入 Logistic 回归模型中，对这两个模型调整拟 R^2 值的变化情况，从表 5 - 8 中可以看出个体特征、经济地位、职业地位对"农民工是否参加住房公积金"解释度的变化情况。在模型 1 中个体特征的四个变量能解释 15.4% 的参保情况，在模型 2 导入了职业、单位性质及就业身份三个变量后，模型解释力提高到 20.8%。

就住房公积金这一项在模型 1 和模型 2 的对比中，我们可以看到，主观影响因素要大于其他前面的几个模型，即养老保险、医疗保险、失业保险、工伤保险和生育保险。这说明在住房公积金方面，个体因素对农民工是否拥有住房公积金具有较之前五项保险更大的解释力。这也说明住房公积金作为非强制性的福利项目，企业更多地把它与用人的激励机制相关联。

表 5-8　农民工参加住房公积金的影响因素（Logistic 模型）

变　量	模型 1		模型 2	
	B	Exp（B）	B	Exp（B）
年龄	-0.092*** (0.025)	0.895	-0.061** (0.026)	0.941
性别	0.000 (0.077)	1.000	-0.088 (0.089)	0.915
受教育程度	0.671*** (0.028)	1.956	0.538*** (0.031)	1.712
月收入	0.097*** (0.027)	1.101	0.128*** (0.030)	1.137
职业			0.400*** (0.082)	1.492
单位性质			0.603*** (0.041)	1.827
就业身份			-0.250*** (0.063)	0.778
常量	-5.169 (0.172)	0.006	-5.831 (0.273)	0.003
-2LL	5622.878		4971.109	
调整 R^2	0.154		0.208	

注：*P<0.1，**P<0.01，***P<0.05，括号内为标准误。

五　结论

综上所述，农民工是否参加城镇职工的社会保险与住房福利，既受到个体因素的影响，也会受到客观因素的制约。虽然在不同的保险项目上，主客观的影响因素有差异，但是基本上，客观影响因素的作用要大于主观方面的影响因素。因此，前文中的研究假设八基本上得到验证。

在个体因素中，年龄和受教育程度影响都较为明显，这说明在不同农民工群体的生命历程中，他们对未来的期望和职业规划是有差异的。年轻的、受教育程度高的农民工更多地把自己的未来寄托在城市，因此在职业选择和就业规范程度上都会选择有上升空间的职业岗位，而不是把挣钱的多少作为职业选择的唯一标准。因为收入在这些模型中的影响，更多的是在控制了客观因素的变量后，其影响才显示显著性。而在农民工城市就业的五险一金模型中，性别对参保的影响很少显示显著性（除工伤保险外），这也说明在城市化进程中，或者说在超大城市的农民工就业过程中，很少表现出性别歧视。超大城市的第三产业快速发展，女性在现代服务行业方面就业具有一定的性别优势，而这摒弃了就业过程中的性别歧视现象。

在客观影响因素中，就业状况对农民工是否参加社会保险影响显著。其中，单位性质和职业地位在对农民工参保影响的六个模型中都显示显著，而就业身份除了在工伤保险和生育保险中影响不显著外，其他的模型中也都显示显著，这说明前文提出的关于客观因素对农民工参保的影响也基本上得到验证。即职业地位高、就业单位规范，处于被雇用身份的农民工五险一金的参保率要高于职业地位低、就业单位规模小且不规范和自雇（自营）的农民工。从农民工的就业身份来讲，从其与社会保险的交互分析中可以看出参保率的高低顺序分别是雇员、雇主、自营劳动者和家庭帮工。一般来讲，雇员身份的农民工用工规范程度较之农民工个体自营和小规模的私企要好，因此其参保率要高一些。而对雇主身份而言，虽然他们参保的经济负担不是问题，但是由于参保对于他们来讲是一种自主性行为，这笔钱用于投保远没有投资企业所产生的效益多，因此，理性思维的结果是这一群体的参保率低于普通的雇员。自营劳动者的经济状况要差于雇主，因此参保率更低。家庭帮工身份用工规范性最差，因此，参保率最低。因此，在五险一金的模型 2 中，就业身份除工伤保险和生育保险外都直接影响了农民工的参保率。

　　通过对农民工社会保险参保率的影响因素进行定量分析，本书进一步验证了研究者多年来的定性研究结论，因此，在推进农民工社会保险制度建设和实践的过程中，不应仅仅从事实层面去做文章，还要在农民工就业问题的根源上做文章。由于农民工大量的非规范用工，即使政府的人保部门再加大工作力度，提高农民工参保率恐怕也会收效甚微。因此，只有提高农民工自身的素质，包括受教育程度和职业技能的提高，这样他们才会在自我职业生涯规划和城市化的未来预期等方面有更高的要求，在自我保障权益的诉求下，这一群体自身才能成为社会保险参保重要的社会监督力量。从就业的客观因素来看，也只有农民工自身素质提高了，他们才会从劳动力非正规就业市场进入到正规就业市场，进而职业地位和单位性质的规范程度才会有相应的保证。提高农民工自身素质的过程，也是我国产业转型、不断更新的过程，更是推进农民工市民化不可缺少的一个环节。

第六章　超大城市农民工居住状况

中国数以亿计的农民工进城务工经商，推动着中国的城市化进程。经过短短30多年的发展，中国就出现了6个人口超过1000万的超大城市，其中北京和上海人口已经超过2000万，进入世界人口前10位的超大都市行列。在这些超大城市中，外来人口的比例也在不断加大，北京、上海和广州外来人口比例接近常住地人口的40%，深圳外来人口比例接近常住人口的70%，其中全国各地拥入的农民工占了绝大部分。

随着超大城市城市化进程的加速和住房市场化程度加深，中国超大城市的房价也在快速攀升。北上广深这四大城市被称为一线城市，无论经济发展、居民收入还是房价都占据中国各大城市的前列。这四大城市中北京、上海、深圳的平均房价都超过了3万元/平方米，广州的房价接近2万元/平方米。北京的四环以内已经找不到售价4万元/平方米以下的住房，10万元/平方米的房子也不罕见。尽管三、四线城市已经出现房价下跌的局面，而北上广深的住房价格依然坚挺，居民住房的压力极大，无论是购房还是租房，都不是件

容易的事情。那么，在这几个寸土寸金的超大城市里，外来农民工群体住房状况是怎么样的？这四个城市和其他城市的农民工住房有什么差别？哪些因素影响了农民工的居住方式？他们有多少人购买了自己的房子？他们能否有希望住上体面的住房？

一 研究的背景和意义

2014 年北京全市常住人口 2114.8 万人，其中常住外来人口 802.7 万人。上海的常住人口达到 2425.68 万人，其中常住外来人口达到 996.42 万人。广州常住人口 1308.05 万人，其中常住外来人口 465.03 万人。深圳常住人口 1077.89 万人，其中常住外来人口 745.68 万人。

表 6-1 北上广深常住人口、房价和农民工收入

项　目	北京	上海	广州	深圳
2014 年常住人口（万人）	2114.8	2425.68	1308.05	1077.89
2014 年常住外来人口（万人）	802.7	996.42	465.03	745.68
常住外来人口占比（%）	37.4	41.1	35.6	69.2
房价（元/平方米）	33205	34118	17112	37821
二手房价（元/平方米）	39012	31561	19699	36817
市场每月房租水平（元/套）	3748（2013.10）①	60.5（元/平方米 2015.7）②	3400（2014.7）③	66.6（元/平方米 2015.5）④
农民工平均月收入（元）	3309.5	3556.8	3089.6	3719.6

① 范辉：《前 10 月北京住宅平均月租金 3748 元/套》，http：//news. qq. com/a/20131111/001335. htm。

② 《上海租金走势分析》，http：//sh. cityhouse. cn/lmarket/。

③ 《2014 年广州住房租金一路走高》，http：//dg. house. sina. cn/news/2015 - 02 - 01/0940596746625287119637. shtml。

④ 《深圳住房成本：租金房价猛涨 想扎根只能靠保障房》，http：//city. shen-chuang. com/bzf/20150624/201423_ 2. shtml。

北京、上海、深圳的平均房价高居全国前列，这四大城市的本地居民尚且难以承受高房价，大多数外来人口的收入低于本地人口，所以他们更加难以在当地购买商品房。已有的研究表明超大城市农民工主要靠租房解决住宿问题。

由于绝大多数农民工没有能力在超大城市购买住房，他们只能租房，但是超大城市的房租也是高不可攀的。北京 2013 年每套住房的月租金就达到 3748 元/套，广州的房租 2014 年 7 月就达到 3400 元/套。2015 年，上海和深圳的住房月租金分别为 60.5 元/平方米和 66.6 元/平方米，租一套 70 平方米住房，在上海需要 4235 元/月，在深圳需要 4462 元/月。然而，北上广深的农民工平均月收入分别只有 3309.5 元、3556.8 元、3089.6 元和 3719.6 元。

由于超大城市的农民工绝大多数租不起成套的住房，因而解决住房的主要方式是租赁非正规住房（包括村镇非正规出租房、群租房和地下室）或者居住在雇主提供的宿舍里，还有相当一部分居住在工作场所和工棚里。大多数农民工的住房条件很差，没有厨房以及单独的厕所和浴室，没有暖气或者空调设备，卫生环境也比较差。联合国人居署认为贫民窟是指具有以下特征的地区：不充足安全的饮用水、不充足的卫生和基础设施、房屋结构质量差、过度拥挤、不安全的住房状况[①]。根据这个定义，多数农民工实际居住在贫民窟里或者属于住房贫困，因为饮用水的问题还算说得过去，但是一般的农民工住所卫生设施不足，缺乏洗浴条件；垃圾的收集和处理设施不足，处理不及时；部分属于临时建筑；过度拥挤比较常见，一些存在安全隐患。

当然，也有部分农民工在超大城市购买了住房，这些农民工

---

① 联合人居署：《贫民窟的挑战——全球人类住区报告（2003）》，中国建筑工业出版社，2006，第 12 页。

数量不多，比例也不大。然而，农民工在城市购房的比例仅次于租赁私房、居住宿舍等居住方式，这也表明如果农民工获得公积金贷款或者有机会购买经济适用房，相当一部分农民工也可以购买住房，从而永久定居并融入超大城市。农民工购房有自己的特点，其购房地点有以下三种情况：在务工地购房实现就地市民化、返回家乡的城镇购房但是还在外地务工、返乡购房定居在家乡的城镇工作和生活。这三种模式实际上表现出农民工在城市化过程中选择家业分离式或家业合一式的生活模式，这两种不同的选择对我国城市化也有深远的影响。

农民工在城镇购房对农民工市民化和城市融入意义非凡，是农民工融入城市的重要标志。然而，根据国家统计局的农民工监测来看，农民工在城镇购房的比例始终在 1% 左右徘徊。2009 年，仅有 0.8% 的外出农民工在务工地自购房。2014 年，在务工地自购房的农民工占 1%，比上年提高 0.1 个百分点。自购房农民工比例的提高，主要是由于在小城镇自购住房的农民工增加。在自购房农民工中，小城镇购房的农民工占 49.1%，比上年提高 2.7 个百分点①。这样低的自购房比例说明农民工要在大城市定居的确不是件容易的事情。然而，根据其他学者的调查，农民工在务工地购房的比例要高得多，有的达到 4% ~ 5%，有的甚至达到近 10%。根据国家卫计委流动人口服务管理司（2011）的报告，流动人口在现居住地购买商品房的比例为 5.9%，乡城移民在老家购买商品房的比例为 4.7%②。那么，农民工在务工地城镇的居住来

---

① 国家统计局的调查范围是全国 31 个省（自治区、直辖市）的农村地域，在 1527 个调查县（区）抽选了 8930 个村和 23.5 万名农村劳动力作为调查样本。采用入户访问调查的形式，按季度进行调查。
② 国家人口和计划生育委员会流动人口管理服务司编《中国流动人口发展报告（2011）》，中国人口出版社，2011。

源到底有哪些呢？农民工在务工地城镇购房的比例有多大，在务工地城镇购房受到哪些因素的影响呢？本书尝试回答这三个问题。

二　文献回顾

（一）农民工住房状况与问题研究

中国的农民工住房问题是近年来的新兴研究领域。中国农民工住房问题研究的第一个特点是，研究的范围以个别城市为主，如梅洪常等对重庆市农民工住房状况的调查与分析[①]；马万里、陈玮对杭州农民工住房状况的调查研究[②]；张智对北京市农民工住房状况的调查研究[③]；农民工城市贫困项目课题组对北京、广州、南京和兰州的农民工住房状况的调查研究[④]，具体涉及农民工在务工地的住房状况以及工资水平等影响因素。这主要是两方面的原因：一是官方统计数据对农民住房指标设置很少，学者们一般也得不到官方的原始数据；二是非官方调查规模小，也缺乏连续性和可比性。农民工住房研究的第二个特点是内容以农民工的住房现状为主，比如黄卓宁认为农民工的住房来源主要有员工集体宿舍、出租屋、借住亲友家、借住亲友宿舍、临时窝棚、工作场所、车站或街头露宿、自购房、廉价旅馆、居无定所等 10 种，认为目前多重分割的城市住房制度对农民工获得住房构成了一种社会排斥，

---

① 梅洪常、周莉、陈丽新：《重庆市农民工进城就业安居现状调查》，《重庆工商大学学报》2008 年第 1 期。

② 马万里、陈玮：《建立健全面向农民工的城市住房保障体系》，《城市规划》2008 年第 5 期。

③ 张智：《北京市农民工住房状况的调查研究》，《中国房地产金融》2010 年第 7 期。

④ 农民工贫困项目课题组：《农民工生活状况、工资水平及公共服务：对北京、广州、南京和兰州的调查》，《改革》2008 年第 7 期。

农民工在住房获得的途径上极为有限，影响居住的因素分为宏观供给层面和个人需求层面[①]。胡昊、殷婷婷等在上海农民工住房保障政策研究里对农民工住房状况进行了分析，认为农民工住在城中村和城市角落，住房条件差；居住房屋类型以"租赁住房"和"宿舍和工棚"为主；居住的空间分布有明显差异，租赁私有住房的在市中心地区比例最低，约占27.9%；由中心向外围逐步增加，到远郊区的比例升至最高达59.5%；与此相反，外来人口租赁公有房屋的比例中心地区最高，约占24.9%，中心地区向外围地区逐渐下降，近郊区的比例为3.4%[②]。

（二）关于农民工住房保障政策研究

这类研究主要是探讨农民工住房纳入社会保障政策的可行性探究。姚玲珍认为，目前我国的住房政策应根据收入的不同采用有梯度的住房分层政策[③]。陆强经过大量数据研究，认为应该完善城镇低收入人群住房保障体系，并且需要制定城市农民工住房保障政策[④]。梁燕平等认为，研究和吸取发达国家在解决低收入人群住房问题上的经验教训，对建立和完善我国的住房保障体系具有启示作用[⑤]。张志胜认为，农民工住房保障政策的不足已经成为阻碍农民工市民化的"瓶颈"，各地方政府具体的住房政策限制和

[①] 黄卓宁：《农民工住房来源及住房水平的实证研究》，《珠江经济》2007年第9期。

[②] 胡昊、殷婷婷：《农民工城市住房保障政策研究——以上海为例》，《上海房地》2007年第8期。

[③] 姚玲珍：《中国公共住房：政策模式研究》，上海财经大学出版社，2003。

[④] 陆强：《安居才能乐业——农民工城镇住房问题探讨》，《四川建筑》2003年第5期。

[⑤] 梁燕平等：《农民工居住问题现状及对策研究——基于桂林市的调查》，广西师范大学硕士学位论文，2008。

租赁市场管理规范问题的缺失都是影响农民工住房问题解决的原因[1]。

（三）关于住房选择的影响因素研究

该类研究大多数学者是通过数据对农民工在城镇选择住房的影响因素进行分析。其中，宛恬伊通过代际比较的视角，分析了新生代农民工与老一代农民工在住房上的差异，新生代农民工的合租比例较高，其租住的房屋类型和房屋设施优于第一代农民工[2]。张咏梅打破了传统观念认为影响农民工住房选择的基本因素的桎梏，认为家庭结构和是否受到雇用这两个变量在住房选择的问题上具有显著性[3]。此外，黄卓宁在对农民工的住房选择研究中认为，影响该群体住房水平的主要因素可以分为宏观层面和个体需求两大部分，宏观层面决定了其住房来源，个人层面则决定其住房质量[4]。以吴维平、王汉生为代表的学者，以个别城市为调查样本，内容涉及农民工的居住模式、收入水平、住房标准和住房诉求等多方面，认为农民工的经济状况、过客心态、务工时间等因素是影响农民工居住获得的主要因素[5]。另外，王凯等人通过调查研究农民工的居住现状，从农民工的房屋情况、居住方式、居住意愿、社会影响等维度进行了广泛分析。此类调查的不足之处

---

[1]　张志胜：《新生代农民工住房保障的阙如与重构》，《城市问题》2011年第2期。

[2]　宛恬伊：《新生代农民工的居住水平与住房消费：基于代际视角的比较分析》，《中国青年研究》2010第5期。

[3]　张咏梅：《城市农民工住房方式影响因素研究》，《西安社会科学》2012年第2期。

[4]　黄卓宁：《农民工住房来源及住房水平的实证研究》，《珠江经济》2007年第9期。

[5]　吴维平、王汉生：《寄居大都市：京沪两地流动人口住房现状分析》，《社会学研究》2002年第3期。

在于，过分强调农民工自身的主观因素，而忽视了体制、机制等客观环境对农民工居住可行性的影响①。

（四）农民工购房的影响因素研究

关于农民工购房的文献可以根据购房的地点分为两类：一类是农民工返乡购房，也就是农民工回到老家的城市和中小城市购房；另一类是农民工在务工地的城镇购房。第一，农民工返乡购房行为的影响因素。返乡购房是指农民工在城市务工一段时间积累一定的资本后，选择返回自己家乡所在的地级市或者县城购房的行为。针对这种现象，我国部分学者对农民工返乡购房行为做了详细的研究和分析。聂洪辉对中部城市农民工返乡购房行为进行研究发现，新生代农民工返乡购房行为是一种基于现实的选择，其主要的影响因素如下：经济因素、结婚的条件、年龄因素、家庭的需要、中部城市各郊县的优惠政策和经济发展等②。商鹏鼐认为农民工返乡购房的原因包括户籍制度的松动，大城市的住房保障边缘化、高房价高成本，小城镇的归属感、社会认同感、就业创业机会等③。归纳起来，农民工返乡购房的影响因素主要有经济因素、婚姻和家庭因素、政策因素等。第二，农民工在务工地就地购房行为的影响因素。农民工在务工地购房研究的文献，主要针对农民工在大城市购房的意愿及影响因素，大多数是采取问卷调查的方式，建立模型进行分析，得出影响较大的影响因素。程萌等以北京、天津、武汉作为主要调查地点进行问卷调查发现，

① 王凯、侯爱敏、翟青：《城市农民工住房问题研究综述》，《城市问题研究》2010 年第 1 期。
② 聂洪辉：《返乡购房——新生代农民工城市融入的调查分析》，《桂海论丛》2014 年第 5 期。
③ 商鹏鼐：《农工市民化进程中住房保障问题探析——基于一种"回迁式"购房选择》，《江西农业大学学报》2010 年第 6 期。

农民工在城市的购房意愿并不高，打工地的居住条件、婚姻状况、外出打工人数、家庭人口数以及收入等因素显著影响农民工的住房行为[①]。孙垂强认为文化素质、是否全家外出打工、就业稳定性、对收入满意程度等因素显著影响了农民工在城市的购房行为[②]。梁志民等人的研究表明，农民工的个人特征是影响其购房意愿的主要因素之一，如其性别、年龄等变量；家庭特征因素对农村外出劳动力购房意愿影响较大；社会资本中常联系朋友的变量具有显著的负向影响；环境特征是牵制农村外出劳动力购房意愿的主要影响因素之一[③]。

　　总的来看，农民工问题的研究已是热门领域，各社会学科都有大量的文献，实证研究也非常多，但是数据散乱，对外开放的很少，系统的统计数据十分匮乏，尤其是全国的统计数据，国家统计局 2008 年底才开始农民工年度统计监测调查，学者自行组织的调查由于人力物力等限制，往往规模较小，局限于个别城市，很少有长期的跟踪调查。这就造成了对中国农民工问题的研究缺乏历史脉络分析和宏观层面的把握，而这正是解决农民工住房问题不可或缺的基础性研究。目前，对于农民工住房的研究主要是通过案例研究和基于个别城市数据的定量研究，涉及住房状况、住房问题、住房保障、住房选择的影响因素，购房的影响因素等领域。但遗憾的是这些研究案例不多、样本量比较小，研究的范围往往集中在一个城市，最多涉及几个城市。很难说就能反映我国农民工在城镇的选择及影响因素，也很难比较在我国不同城市

---

① 程萌、韩笑等：《农民工城市购房意愿及影响因素研究》，《调研世界》2012年第 10 期。

② 孙垂强：《中部地区农民工城市购房影响因素分析》，《宿州学院学报》2014年第 7 期。

③ 梁志民、饶盼等：《农民工在务工地购房意愿的影响因素》，《西北农林科技大学学报》2014 年第 7 期。

间的农民工住房差异。

三 假设、数据与方法

人类生态学认为居住选择是人们通过对空间资源的竞争谋求适应和生存的结果，是市场竞争的结果。但他们的理论过于强调生存竞争，而忽视了政治权力和文化的作用①。新古典经济学派从最低成本区位的角度，认为在理想的自由竞争状态下，居民在选择住房区位时要权衡住房成本和交通成本，以达到效用最大化。行为学派认为家庭生命周期对住房行为影响很大，生命周期会带来家庭结构和规模的变化，进而造成住房需求的变化②。新韦伯学派认为住房行为一方面受到住户收入、职业和种族的影响，另一方面受到住房市场竞争机制和科层制分配的影响③。总之，国外的研究表明住房行为主要受到市场能力、科层制也就是行政权力以及生命周期的影响。国内学者发现，房价的高低、交通的通达性、环境条件影响住房行为，居民自身的社会、经济和文化特征以及区位和环境偏好也决定着住房行为。

（一）假设

根据国内外购房行为理论，我们对农民工的购房行为提出以下的研究假设。

（1）人的生命周期特征诸如婚姻、生儿育女、退休等因

① Robert Park, Enest Bergiess, Redericke D. Mckenzie, *The City*, the University of Chicago Press, 1968.
② 易成栋：《中国城市家庭住房选择的时空变动和社会分化研究》，北京大学出版社，2013。
③ 夏建中：《城市社会学》，中国人民大学出版社，2010。

素对家庭的消费倾向会有比较明显的影响，住房选择是一种消费行为，所以我们假设农民工生命周期相关特征诸如年龄、在城市居留的时长、婚姻、生育等因素影响农民工的住房选择。

（2）多种住房理论都认为经济资本也就是市场能力对住房的选择具有重要影响。农民工的市场能力表现在受教育程度、岗位性质和月收入等方面，因而，我们假设农民工的受教育程度、收入高低、岗位性质影响农民工的住房选择。

（3）不同的城市房价差异巨大，导致中国的城镇住房市场形成了一线城市、二线城市、三线城市和四线城市等不同的住房市场。住房成本高昂是市场对农民工的经济排斥，而农民工在住房选择方面面临的不仅是市场的排斥，还有城市政府对农民工租购保障房的行政排斥和大城市与超大城市政府住房限购的行政排斥。因此，我们假设由于住房市场排斥和行政排斥，农民工更倾向于在中小城镇购房。

（二）数据

我们利用国家卫生与计划生育委员会主持调查的 2013 年全国流动人口动态监测数据，该数据通过抽样调查的方式选取了我国 31 个省（区、市）和新疆生产建设兵团地区，样本量为19.6 万个，涉及流动人口 45 万人，主要调查对象为 15~59 岁、在流入地居住一个月以上的非本地区（县、市）户口的流动人口。不同于国家统计局的农民工监测数据，该数据是在流入地收集的。该数据样本容量大，问卷设计内容广泛，调查内容覆盖面广，同时经过严格规范的整理与筛选，数据质量较高。笔者在使用时剔除了流动人口中的城市户籍样本，剩下的样本都是农民工。

（三）研究设计

研究的因变量为农民工是否在城镇购房，是一个二分变量。

自变量为四组：第一组为控制变量，包括农民工的性别状况；第二组为生命周期变量，包括婚姻状况、有无子女、农民工年龄分组、在城镇居留的时长；第三组为经济能力变量，包括农民工的受教育程度、收入分层、就业身份；第四组为城市级别。

表 6 - 2 变量说明

变量类型	变量名称	数值类型	变量说明
被解释变量	是否在务工城市购房	虚拟变量	住房来源为在务工地购买商品房 = 1，其他 = 0
解释变量	性别	虚拟变量	女 = 0，男 = 1
	子女	虚拟变量	无子女 = 0，有子女 = 1
	婚姻	虚拟变量	未婚 = 0，其他 = 1
	年龄	连续变量	
	务工地居留时间	连续变量	
	月收入	连续变量	
	受教育程度	定序变量	未上过学 = 1，小学 = 2，初中 = 3，高中 = 4，中专 = 5，大专 = 6，本科及以上 = 7
	岗位性质	分类变量	雇员 = 1，雇主 = 2，自雇用者 = 3
	城市分级	定序变量	北上广深 = 1，津渝及省会城市 = 2，地级市 = 3，县级城镇 = 4

四 数据分析

（一）北上广深农民工住房来源与租金比较

从总体来看，租住私房在农民工的各类住房中比例是最大的，达到67.3%；排在第二位的是已购商品房，达到8.7%；第三位是单位、雇主提供的免费住房，占比为8.4%；第四位是租住单位、雇主房，占比为7.3%；第五位是就业场所，占比为3.0%；第六位是自建房，占比为2.8%；第七位是借住房，占比为1.3%；第八位是其他非正规居所，占比为0.6%；第九位是已购政策性保障房，占比为0.4；第十位是租住政府提供的公租房，占比为0.2%；最后是政府提供的廉租房，占比为0.1%。

表6-3 北上广深农民工住房来源比较

单位:%

住房来源	北京市	上海市	深圳市	广州市	其他城市	合计
租住单位、雇主房	11.0	8.4	3.8	10.4	7.1	7.3
租住私房	66.4	70.8	86.3	70.6	67.0	67.3
政府提供廉租房	0.0	0.0	0.1	0.0	0.1	0.1
政府提供公租房	0.0	1.1	0.0	0.0	0.2	0.2
单位、雇主提供免费住房	13.6	3.4	3.8	11.2	8.4	8.4
已购政策性保障房	0.0	0.1	0.0	0.1	0.4	0.4
已购商品房	4.0	5.8	4.4	3.2	9.1	8.7
借住房	1.0	7.4	0.5	0.9	1.1	1.3
就业场所	3.0	2.3	0.4	3.0	3.0	3.0
自建房	0.6	0.2	0.8	0.6	3.0	2.8
其他非正规居所	0.3	0.5	0.0	0.2	0.6	0.6
合　计	100.0	100.0	100.0	100.0	100.0	100.0

　　租住私房比例最大的城市是深圳，第二是上海，第三是广州，第四是其他城市，最后是北京；购买商品房比例最大的是其他城市，第二是上海，第三是深圳，第四是北京，最后是广州，比例分别是9.1%、5.8%、4.4%、4.0%、3.2%；单位提供免费住房的第一位是北京，第二位是广州，第三位是其他城市，第四位是深圳，最后是上海，上海和深圳的比例远远低于北京的比例；租住单位房的第一位也是北京，第二位是广州，第三位是上海，第四位是其他城市，第五位是深圳，深圳租住单位房的比例也远远低于北京的比例。

　　从城市级别来看，租住私房比例最大的是省会及其他直辖市，比例是71.1%；其次是一线城市，比例是70.7%；再次是地级市，比例是66.0%，比前两类城市低很多；最后是县级市及县城，占62.3%，比例更低。

　　提供免费住房比例最高的是县级市和县城，比例为13.7%，排第二位的是一线城市，比例是8.3%，省会城市和地级市低很多，分别是6.9%和6.7%。租住单位、雇主房的比例也是县级市及县城的比例最高，达到9.9%，其次是一线城市，比例为9.1%，省会城市和地级市分别为6.2%和6.4%。这两类居住方式都是由雇主提供的宿舍，差异在于付费和不付费。

　　农民工在务工地购买商品住房的比例全国平均是8.7%，远远高于国家统计局农民工年度监测报告的历年数据。其中一线城市的比例是4.7%，省会城市是8.7%，地级市是11.3%，县级市镇比例是5.9%。排在第一位的是地级市，其次是省会城市，再次是县级城镇，最后是一线城市，这说明在超大城市购房确实不容易。在县级小城镇房价是各类城镇中最低的，但是农民工在县级城镇购房的比例并不高。这可能是在异地他乡小城镇就业的农民工只是为了在这里赚钱谋生，在异地他乡小城镇定居的意愿较弱，尽管他们中间很多人有能力在这里购房定居。

表6-4　不同级别城市农民工的住房来源

住房来源	北上广深	津渝及省会城市	地级市	县级市及县城	合计
租住单位、雇主房	1418 9.1%	3427 6.2%	3969 6.4%	3593 9.9%	12407 7.3%
租住私房	10964 70.7%	39551 71.1%	41116 66.0%	22547 62.3%	114178 67.3%
政府提供廉租房	5 0.0%	33 0.1%	47 0.1%	60 0.2%	145 0.1%
政府提供公租房	72 0.5%	157 0.3%	78 0.1%	51 0.1%	358 0.2%
单位、雇主提供免费住房	1283 8.3%	3826 6.9%	4166 6.7%	4942 13.7%	14217 8.4%
已购政策性保障房	6 0.0%	203 0.4%	434 0.7%	51 0.1%	694 0.4%
已购商品房	722 4.7%	4851 8.7%	7045 11.3%	2131 5.9%	14749 8.7%
借住房	537 3.5%	500 0.9%	855 1.4%	314 0.9%	2206 1.3%
就业场所	381 2.5%	1569 2.8%	1811 2.9%	1261 3.5%	5022 3.0%
自建房	71 0.5%	1207 2.2%	2426 3.9%	1014 2.8%	4718 2.8%
其他非正规居所	50 0.3%	292 0.5%	388 0.6%	226 0.6%	956 0.6%
合　计	15509 100.0%	55616 100.0%	62335 100.0%	36190 100.0%	169650 100.0%

　　由于各级城市的农民工住房来源比例最大的是租住私房和租住雇主提供的宿舍，购房的比例较小，其他住房来源比例更小。所以农民工支付的月房租能够在一定程度上反映农民工的住房支

付意愿、支付能力和住房负担。深圳农民工平均支付的房租最高，远远高于其他城市和广州市的租金支付，达到 925.9 元；北京和上海的农民工平均住房租金支付比较接近，均超过了 720 元；广州市农民工的平均住房租金为 565.1 元。

表 6 – 5　北上广深农民工月房租比较

城　　市	均值	N	标准差
北京市	722.9	5955	867.9
上海市	721.0	6144	970.4
深圳市	925.9	1621	975.6
广州市	565.1	1714	725.1
其　　他	514.8	149737	676.4
总　　计	534.6	165171	704.4

（二）北上广深农民工购房的影响因素

我们用 SPSS18.0 应用软件包，对农民工在务工地购房的影响因素进行 Logistic 回归分析，结果如下。

表 6 – 6　Logistic 回归系数

变量	模型 1		模型 2		模型 3	
	B	S.E	B	S.E	B	S.E
性别	-.121 ***	.017	-.137 ***	.021	-.141 ***	.021
有无子女	-.065	.040	.087	.045	.082	.045
婚姻情况	1.012 ***	.048	1.189 ***	.056	1.194 ***	.056
年龄	-.003 **	.001	.011 ***	.001	.011 ***	.001
滞留时间	.077 ***	.002	.082 ***	.002	.082 ***	.002
雇员			-.173 ***	.022	-.171 ***	.022
雇主			.400 ***	.031	.400 ***	.031
月收入			.000 ***	.000	.000 ***	.000

续表

变量	模型 1		模型 2		模型 3	
	B	S. E	B	S. E	B	S. E
受教育程度			.452 ***	.009	.457 ***	.009
城市分级					.058 ***	.011
常量	− 3.376	.038	− 5.820	.071	− 5.997 ***	.079

注：＊P＜0.05，＊＊P＜0.01，＊＊＊P＜0.001。

通过 Logistic 回归，我们发现，已婚的农民工在务工地城镇购房的可能性更大；女性农民工在务工地城镇购房的可能性大于男性；有子女的农民工购房的可能性更大；年龄越大农民工购房的可能性越大，90 后、80 后农民工购房的可能性较低，而 70 后、60 后购房的可能性较大；在城镇居留的时间越长农民工购房的可能性越大；农民工的受教育程度越高在务工地城镇购房的可能性越大；收入水平对农民工在务工地城镇购房没有影响；城市级别对农民工购房行为都有显著的影响，农民工在超大城市购房的可能性小于中小城市。

五　结论与讨论

第一，大多数生命周期的因素包括性别、年龄、婚姻、有无子女、在务工地滞留的时间等，这些因素对农民工在务工地城镇购房具有显著的影响。已婚的、年龄大的、在务工地滞留时间长的农民工经济实力较强，家庭生活也更需要自己独立的住房，所以他们购房的可能性更大一些。女性购房的可能性比男性大的原因可能是女性定居城市的意愿更强烈，也有可能是受婚姻的影响，女性更有可能嫁给当地人从而改变自己的居住条件，而男性农民工与当地人结婚的可能性非常小。很多研究表明，80 后、90 后定居城市的意愿更为强烈，但是分析的结果显示，80后、90后尽管定居城镇的意愿强烈，但是由于他们收入较低，经济实力的积累还不够，所以在务工地城镇购房的可能性较小。

第二，我们发现以就业性质和受教育程度为代表的市场能力对农民工在务工地城镇购房的影响非常显著。这符合芝加哥学派、自由市场学派以及新韦伯学派理论，但是城镇购房的农民工并不是收入越高的人购房的可能性越大，收入对农民工购房的影响并不明显。农民工的消费及购房行为和城镇居民是不一样的，收入高的购房可能性并不比收入低的大，这可能是由于高收入的农民工把更多的钱用于生产性投资，而不是用于消费，因为农民工最大的愿望就是自己当老板。一些具有强烈创业意愿和企业家精神的农民工往往积累资本进行创业而不是把辛苦赚来的钱花掉。人力资本的具体反映是受教育程度，对农民工购房影响极为显著，受教育程度高的农民工更可能在城市购房。因为受教育程度高的农民工一般来说收入更高一些，购买能力更强一些。更重要的原因可能是受教育程度高的农民工更容易融入城市生活，也更愿意在城市定居而不愿意返回乡村定居。

第三，城市级别对农民工购房影响极为显著。城市级别越高农民工购房的可能性越小，农民工在超大城市购房的可能性最小，其次是在小城镇购房的可能性较小，在省会城市购房的可能性较大，而最可能在当地购房的是在地级市务工的农民工。城市级别高的一线城市，商品房价远远高出普通居民的购买力，更何况收入较低的农民工。这反映了超大城市对农民工住房的排斥力量更强，一方面是市场排斥，价格高昂阻碍了农民工在大城市购房；另一方面是制度排斥，农民工在大城市没有资格购买经济适用房、限价商品房，一线城市甚至限制农民工购买普通商品房。此外，企业一般不给农民工缴纳住房公积金，他们也无法享受到利息低廉的贷款支持。越是级别低的城市对农民工的排斥越少，其对农民工的购房没什么限制，甚至鼓励农民工购房。很多小城市不排斥农民工购房，甚至对购房的农民工提供补贴和税费优惠，鼓励农民工在小城镇购房。但是，农民工在小城镇购房的积极性并不比地级市和省会城市高，因为很多地级市的房价跟县级小城镇差不多，但生活条件、就业创业机会却比小城镇优越。

第七章 超大城市农民工教育状况

一 研究背景、意义及文献综述

(一)研究背景及意义

农民工是改革开放进程中成长起来的一支新型劳动大军,是我国现代产业工人的主体和现代化建设的重要力量。近年来,农民工中的新生代群体越来越受到党和政府以及社会各界的广泛关注。2010年中央一号文件《关于加大统筹城乡发展力度进一步夯实农业农村发展基础的若干意见》明确要求,采取有针对性的措施,着力解决新生代农民工问题。农村剩余劳动力转移是中国工业化、城市化和经济结构"一元化"转变进程中的必然趋势,不仅能够缩小城乡差异,促进区域经济协调发展,还有利于劳动力优化配置,提高整个社会的经济运行效率。农村剩余劳动力转移是改革开放以来推动中国经济发展的重要引擎，1978～1998 年对 GDP 增长的贡献率高达 21% 。因此，从宏观和微观角度来看，农民工的受教育程度不但关乎自身就业质量和生存、发展，还关系中国未来城镇化的进程和产业结构升级，乃至未来中国经济的可持续发展。

首先，农民工的受教育程度关乎中国城镇化进程和产业结构升级。

在金融危机之后，中国经济逐步进入"新常态"阶段，在新常态下，经济结构的调整、发展方式的转变、增长动力的变化等都对中国人力资源提出了更高的要求。作为城市化和产业升级过程中的重要力量，农民工群体的受教育程度无疑从宏观上制约着中国劳动力市场的可持续升级。金融危机之后，在国家战略层面，我们应该"跳出货币和信用结构的框架，从实体经济和产业结构来考察今后中国发展的机遇"[1]。

北上广深作为全国超大城市，产业升级就成为当下重要的战略选择。产业升级的前提是人力资源的升级换代，因此，对北上广深的人力资源状况，尤其是对农民工这一群体进行摸底排查具有重要的意义。

其次，农民工受教育程度关乎农民工群体的就业能力、城市融入能力。

从当前就业状况看，农民工就业存在行业高度集中、非正规部门就业比重高、劳动时间长、工资水平低、雇用关系不规范、劳动保障状况差等明显不同于城市职工就业的特征，因而，他们的职业发展也会不同于拥有城市户口的职工[2]。现实中，农民工中的一部分跨省到外乡发展，另一部分则愿意留在省内发展。对农

---

① 蔡昉等：《中国经济增长到底有多快?》，《新视野》2002 年第 4 期，第 15～18 页。

② 李国正：《"十二五"来农民工就业状况的收入增长机制研究》，《理论与改革》2015 年第 5 期，第 83～86 页。

民工职业转移的相关研究发现，农民工跨区域转移的情况十分普遍，与省内就业相比，跨省转移的农民工工资水平较高，职业发展机会较多（郭力等，2011）。从其职业发展情况看，实现跨区域转移的农民工职业相对稳定，专注于在同一行业获得职业发展；约90%的农民工较长时期在同一地点从事同一工作，即使进行职业转移，也主要是转入与前一职业密切相关的行业，而影响农民工职业转移的因素主要是人力资本和社会网络（朱明芬，2007）。因此，农民工受教育状况对农民工在城市中的融入以及就业能力都有重要的影响。

关于当前中国农民工的就业质量，程蹊等（2003）认为，劳动力市场供过于求、多元劳动力市场仍未改善、农民工自身受教育水平低等是农民工就业质量低的主要原因。赵立新（2005）指出农民工由乡村迁移到城市，因为脱离其熟悉的社会生活环境，导致其社会资本缺失成为常态，在就业环境没有改善的情况下，社会资本存量明显下降，必将影响到农民工的就业质量。彭国胜（2008）认为青年农民工在社会职业地位等级上处于较低层次、人力资本偏低、社会制度缺陷等是导致他们就业质量偏低的重要原因。俞玲（2012）认为农民工工资具有增长显著但总体不高、时间密集、不稳定等特点，人力资本贫乏和就业中不公平对待是其收入不高的重要诱因，这进一步会影响该群体的就业质量。

（二）国内外文献综述

很多国内外学者从不同方面对农民工或者流动人口的受教育程度或者人力资本投资进行过深入研究。

1. 教育是人力资本的重要构成要素

国内外相关研究都证明，教育是人力资本的重要构成要素。人力资本理论把对工资影响因素的探讨从较为宏观的社会—经济层面带入了较为微观的个人投资与劳动力市场结果的层面。舒尔茨认为，人力资本是通过教育、培训、"干中学"和就业导向型迁移等途径形成的自身生产能力。Boskin（1974）的开创性研究表明，个人的职业发展与其人力资本投资密切相关，每个人根据其对人力资本的收益（例如潜在收益）和成本（例如培训成本）的评价来进行职业选择。现有的相关研究已经提供了令人信服的结论，即个人的职业地位主要由其人力资本投资所决定，而教育在其中起着举足轻重的作用（Chevalier，2007）。

何亦名（2014）基于 2014 年 8 个省 16 个村的新生代农民工抽样调查数据，以人力资本投资作为一种特殊的消费支出而具有的成长效用为视角，分析不同成长效用的新生代农民工收入水平与人力资本投资的关联，以及不同的成长效用取向下，"亲城型"社会资本与"亲乡型"社会资本对人力资本投资决策的影响。

2. 受教育程度影响收入水平、就业能力和城市融入能力

Forrier 等（2003）将就业能力界定为个人拥有和决定职业生涯成败的人力资本，并认为就业能力受到个人能力和职业期望的影响。[1] 教育作为获取基本能力从而提高就业能力的重要手段，不仅可以提高农民工就业的概率和就业稳定性（赵耀辉，1997），而且会影响农民工在就业区位、从业时间和行业类别方面的选择能力（严善平，2007）；姚先国等（2006）研究发现，文化程度对农民工成为管理、专业技术人员和公司职员的影响最为显著；马德功对成都市城镇化过程中农民工的就业问题进行分析，提出当前农民工职业技能水平、工作时间、教育水平是影响其就业水平

---

① Anneleen Forrier, Luc Sels, "The Concept Employability: A Complex Mosaic," *International Journal of Human Resources Development and Management*, 2003, 3 (2), pp. 102 – 124.

的重要因素①；周密、张广胜等（2015）通过对人力资本积累的分析，发现人力资本积累对新生代农民工城市适应性、融入能力具有显著影响，尤其是大城市更加明显；魏毅、廖素琼认为受教育程度会从就业收入、就业空间流动、就业途径、就业的稳定性和持续性以及就业的维权能力五个方面对新民工的就业能力产生影响②；张秋秋、金刚指出，年龄、受教育程度和就业前接受培训情况是影响新民工就业能力的重要因素，对不同年龄、不同学历水平、不同技能的新民工就业能力的影响因素存在明显差异，需要区别对待③。

有的学者侧重于研究受教育程度对收入水平的影响：张车伟认为中国的劳动力市场中，教育对收入的影响在相当大程度上是通过影响就业途径如选择就业地区和选择职业与行业等来实现的④；刘林平、张春泥通过对珠江三角洲农民工的调研分析，发现人力资本中的教育年限、培训、工龄等变量对农民工工资有显著的正向影响⑤；赵海（2013）对教育和培训在农民工就业能力影响因素中的地位进行了研究，认为教育的作用是通过提高劳动者的认知能力和学习能力使其更愿意且有更多机会接受到职业教育和技能培训；在农民工工资决定中教育发挥了基础性、先导性的作用，技能是决定工资水平的关键因素；当然，罗峰、黄丽

① 马德功等：《成都新型城镇化进程中的农民工就业问题研究》，《经济体制改革》2015 年第 1 期。
② 魏毅、廖素琼：《农民工受教育状况对其就业能力的影响》，《高等农业教育》2006 年第 8 期。
③ 张秋秋、金刚：《新生代农民工就业能力影响因素的最优尺度分析》，《农业经济》2012 年第 11 期。
④ 张车伟：《人力资本回报率变化与收入差距："马太效应"及其政策含义》，《经济研究》2006 年第 12 期。
⑤ 刘林平、张春泥：《农民工工资：人力资本、社会资本、企业制度还是社会环境?》，《社会学研究》2007 年第 6 期。

（2011）采用扩展的 Mincer 工资方程，分析了影响新生代农民工非农收入水平的多种人力资本因素及其影响程度，实证研究结果表明，受教育年限对新生代农民工非农收入水平的影响较小，每增加 1 年的正规教育，仅使其非农收入增长 2.1%。

3. 教育回报率

教育回报率虽然和教育对收入的影响有相似性。但是，本书为了更加突出受教育水平对收入、工作强度、社保等的影响，所以单列。

Boskin（1974）的开创性研究表明，个人的职业发展与其人力资本投资密切相关，每个人根据其对人力资本的收益（例如潜在收益）和成本（例如培训成本）的评价来进行职业选择。此外，现有的相关研究已经提供了令人信服的结论，即个人的职业地位主要由其人力资本投资所决定，而教育在其中起着举足轻重的作用（Chevalier，2007）。

魏毅、廖素琼认为受教育程度会从就业收入、就业空间流动、就业途径、就业的稳定性和持续性以及就业的维权能力五个方面对新民工的就业能力产生影响，各界应该从完善新民工职业技能培训方面着手提升新民工的就业能力。[①] 王广慧、徐桂珍（2014）通过实证研究发现，新生代农民工教育与工作匹配时的教育收益率高于其实际教育收益率。虽然过度教育对新生代农民工的收入有正向影响，但不具有统计显著性；教育不足对男性新生代农民工的收入有显著的负向影响，而对女性新生代农民工则没有显著影响。大量研究也表明，无论在发展中国家还是在发达国家，劳动力市场中教育的回报率存在明显的性别差异（Schultz，1993；

---

① 魏毅、廖素琼：《农民工受教育状况对其就业能力的影响》，《高等农业教育》2006 年第 8 期。

Strauss and Thomas, 1995）。

二 基本概念界定、数据来源

本书中的"教育"特指分级受教育程度，具体分为未上过学、小学、初中、高中、中专、大专、本科、研究生。职业技能培训不在本书讨论范畴。

数据来自国家卫计委"2013 年全国流动人口动态监测"数据，本数据采取的是抽样调查和专题调查相结合的方式，按照随机原则在全国 31 个省（区、市）和新疆生产建设兵团地区抽取样本点。数据的对象主要是 15～59 岁的流动人口，总量约为 19.6万人。在数据使用的时候，去掉了城市户籍人口的数据。

从数据使用看，首先对全国及北上广深流动人口的教育情况进行了描述性分析，其次对流动人口的受教育程度同其他因素的相关性进行分析，特别是研究教育水平对职业流动性、就业单位性质、收入等方面的影响。

结合之前的研究，本书在对全国及北上广深农民工受教育程度概况进行梳理的基础上，通过 SPSS 分析和建立回归模型对受教育程度与收入、行业分布、社保、婚育等方面的相关性进行实证研究。

三 相关性分析及假设

结合之前的文献研究，我们会发现农民工受教育水平对其收入、就业行业、就业单位、社保情况、婚育情况等都有影响。为了研究其中的相关性，我们可以做以下假设。

假设 1：北上广深农民工受教育程度与性别有密切关系，男性受教育程度高于女性受教育程度。这是因为根据中国传统的"重男轻女"思想，一般而言，农村比较重视对男孩的教育，忽视对女孩的教育。

假设 2：北上广深农民工受教育程度与就业单位性质有密切关系，受教育程度越高，在公有制企业工作的机会越大。这是因为，根据相关的研究，公有制单位或者党政机关及国企等"正规部门"一般对学历、综合素质、技能要求较高，但是农民工的自身素质很难满足这些岗位的要求。

假设 3：北上广深农民工受教育程度对收入的影响比较大，受教育程度越高，月收入越高。一般而言，教育投资应该有相应的回报，尤其是高中及以上的学历教育应该对农民工的就业有正相关作用。

假设 4：北上广深农民工受教育程度对消费水平有较大影响，受教育程度越高，消费能力越强，消费水平越高。农民工受教育程度越高，消费理念应该更加开放、前卫。

假设 5：北上广深农民工受教育程度越高，结婚越晚，生育子女数量越少。受教育程度越高的农民工应该越重视对子女的教育，对结婚这样的事情看得更淡一些，毕竟想要在城市扎根，其压力非常大，所以晚婚晚育也是给予自己一个积累的空间。

假设 6：北上广深农民工大部分从事批发餐饮、建筑业、制造业等技术含量较低的行业。

四　SPSS 及回归模型分析

（一）全国范围内及北上广深的教育基本情况

从全国范围来看，未上过学的占 1.7%，小学文化的占

13.2%，初中文化的占 54.2%，高中文化的占 15.4%，中专文化的占 6.0%，大专文化的占 6.2%，本科文化的占 3.1%，研究生文化的占 0.2%，如表 7－1 所示。总体而言，初中及以下文化程度的占到 69.1%，这个比例是非常高的，高中及以上学历的农民工比例才占到约 30%。这说明从全国范围来看，农民工的受教育程度普遍偏低。

表 7－1 全国范围的调查样本分布情况

被访者教育情况	频数（人）	频率（%）	累计频率（%）
未上过学	3304	1.7	1.7
小学	26252	13.2	14.9
初中	107729	54.2	69.1
高中	30647	15.4	84.5
中专	11911	6.0	90.5
大学专科	12395	6.2	96.7
大学本科	6128	3.1	99.8
研究生	429	0.2	100.0
总　　计	198795	100.0	

表 7－2 四个超大城市的调查样本分布情况

城　　市	频数（人）	频率（%）	累计频率（%）
北京市	8000	40.05	40.05
广州市	2000	10.02	50.07
上海市	7974	39.92	89.99
深圳市	2000	10.01	100.00
总　　计	19974	100.0	

　　表 7－3 为流动人口的受教育程度在各个城市的分布情况，受教育程度的编码情况是：未上过学（1）、小学（2）、初中（3）、高中（4）、中专（5）、大学专科（6）、大学本科（7）、研究生

（8），可以视之为连续变量。从表 7 - 3 中可以发现，受访者以初中教育程度居多，占 50% 左右。其次是高中，占 16% 左右。平均来看，北京和上海的流动人口学历相对其他两个城市略高一些。

表 7 - 3　四个超大城市被访者的受教育程度及其占比

编码	被访者教育程度	北京市		广州市		上海市		深圳市		总计	
		频数	%	频数	%	频数	%	频数	%	频数	%
（1）	未上过学	65	0.81	11	0.55	136	1.71	8	0.4	220	1.1
（2）	小学	629	7.86	149	7.45	882	11.06	82	4.1	1742	8.72
（3）	初中	3667	45.84	1109	55.45	3885	48.72	1019	50.95	9680	48.46
（4）	高中	1426	17.82	329	16.45	1095	13.73	431	21.55	3281	16.43
（5）	中专	508	6.35	175	8.75	465	5.83	179	8.95	1327	6.64
（6）	大学专科	834	10.42	169	8.45	733	9.19	199	9.95	1935	9.69
（7）	大学本科	770	9.63	57	2.85	690	8.65	77	3.85	1594	7.98
（8）	研究生	101	1.26	1	0.05	88	1.1	5	0.25	195	0.98
	总计	8000	100	2000	100	7974	100	2000	100	19974	100

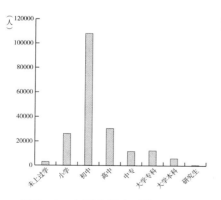

图 7 - 1　全国范围内受教育程度

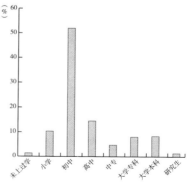

图 7 - 2　北上广深受教育程度

通过图7-1和图7-2分析，我们发现，北上广深高中及以上文化程度的占比为41.72%，比全国平均水平要高出近7个百分点。但无论是全国范围还是北上广深等超大城市，农民工受教育程度分布基本一致，都比较低。

但是，从纵向维度比较，2003~2013年的10年间，中国农民工的总体受教育水平有了极大提高。侯风云在2002年7月到2003年1月对全国15个省（区、市）进行了典型调研，样本既有沿海发达地区，也有内地较不发达地区，样本分布较多的省份为山东省、江西省、河北省、甘肃省、河南省、浙江省、四川省、重庆市等。[①] 为获取较全面反映相关省份特点的数据，我们在组织调研时取该省（区、市）较发达地区、中等发达地区和不发达地区样本各1/3，收回的有效样本总数为15269个。样本调研对象分为两个部分，一是调研时刻仍在农村从业的劳动力，二是调研时刻在县外打工的劳动力。虽然从样本量来看没有2013年国家卫计委的样本量大，但还是非常具有代表性的。经过侯风云的分析，2003年前后全国初中及以下文化程度的占到了75.25%，比2013年本课题调查统计数据高出了5个以上的百分点。

所以，从纵向角度看，全国范围内农民工受教育水平是在不断提升的，北上广深超大城市的农民工受教育水平要比其他地区高出很多。

（二）北上广深农民工受教育程度与性别的相关性

此外，从性别角度看，男性农民工的受教育程度要高于女性农民工的受教育程度。这和国内外很多的研究结论是相符合

---

① 侯风云：《中国农村人力资本收益率研究》，《经济研究》2004年第12期。

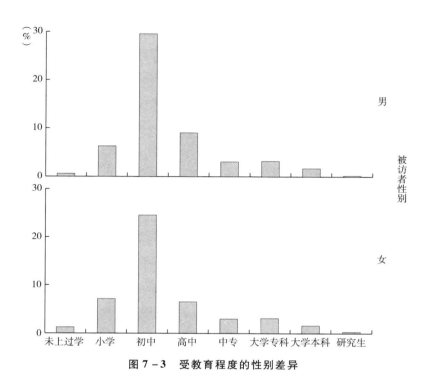

图 7 - 3　受教育程度的性别差异

的。高文书通过对北京、石家庄、沈阳、无锡、东莞等地农民工的实证研究发现，从分级受教育程度看，受过高中及以上教育的男性进城农民工的比例达到 22.2%，而女性进城农民工的这一比例只有 17.3%，低于男性约 5 个百分点。[1] 此外也有相关研究表明，教育不足对男性新生代农民工的收入有显著的负向影响，而对女性新生代农民工则没有显著影响（王广慧、徐桂珍，2014）。因此，从性别角度来分析受教育程度还是非常具有理论分析价值的。

---

[1]　高文书：《进城农民工就业状况及收入影响因素分析》，《中国农村经济》2006年第 1 期。

表7-4　被访者性别统计表

性　别	被访者受教育程度								总计
	未上过学	小学	初中	高中	中专	大学专科	大学本科	研究生	
男	1147	12414	58918	18006	6070	6586	3354	233	106728
女	2157	13838	48811	12641	5841	5809	2774	196	92067
总计	3304	26252	107729	30647	11911	12395	6128	429	198795

（三）北上广深农民工受教育程度对就业单位性质的影响

中国的劳动力市场中，教育对收入的影响在相当大程度上是通过影响就业途径如选择就业地区和选择职业与行业等来实现的。[①] 正如表7-5所示，农民工中有70.23%的在个体工商户或者私营企业工作，在机关和事业单位、国有及国有控股企业工作的才占到7.2%。一般来说，机关和事业单位、国有及国有控股企业相比私营企业和个体工商户在工作稳定性、报酬待遇、工作强度、工作体面程度方面都要超出很多，所以对农民工的吸引力应该更大。但是农民工占比很低，说明在这些单位由于农民工的文化程度较低，不具备竞争力。相关研究表明，农民工受教育程度对于其就业单位选择、行业选择具有重要影响，正如表7-6所示。

表7-5　就业单位性质的分布情况

就业的单位性质	频数（人）	频率（%）	累计频率（%）
土地承包者	163	0.93	0.93
机关和事业单位	426	2.43	3.35
国有及国有控股企业	837	4.77	8.12

---

① 张车伟：《人力资本回报率变化与收入差距："马太效应"及其政策含义》，《经济研究》2006年第12期。

就业的单位性质	频数（人）	频率（%）	累计频率（%）
集体企业	551	3.14	11.26
个体工商户	5363	30.55	41.81
私营企业	6967	39.68	81.49
港澳台企业	665	3.79	85.28
日韩企业	143	0.81	86.09
欧美企业	220	1.25	87.34
中外合资企业	879	5.01	92.35
其他	182	1.04	93.39
无单位	1161	6.61	100.00
总　计	17557	100.00	

表 7 - 6　受教育程度对农民工单位选择的影响

项　目		被访者受教育程度	就业单位
被访者教育程度	Pearson Correlation	1	.195 **
	Sig. （2 - tailed）		.000
	Sum of Squares and Cross - products	44690.677	21723.381
	Covariance	2.238	1.237
	N	19974	17557
就业单位	Pearson Correlation	.195 **	1
	Sig. （2 - tailed）	.000	
	Sum of Squares and Cross - products	21723.381	313747.446
	Covariance	1.237	17.871
	N	17557	17557

注：＊＊表示相关系数在1%显著性水平下显著。

（四）北上广深农民工受教育程度对收入的影响

关于受教育程度对收入的影响，明塞尔指出人力资本理论的中心是关注正式和非正式的学校教育、家庭教育，以及培训、经验和职业流动对个人的劳动力市场结果和部门及国家经济增长的影响。所以，在人力资本理论看来，影响工资的因素主要还是微观层面上的教育、培训、劳动经验和职业流动（Mincer，1989）。侯风云（2004）认为农村劳动力教育收益率依然偏低，但教育收益率远远高于工龄收益率。表7-8的OLS模型估计基本吻合上述假说，即受教育程度越高，月收入越高。

表7-7 主要变量的描述性统计分析

变量	观测数	平均值	标准差	最小值	最大值
月收入（元）	17916	3869.906	2870.943	500	35000
教育程度	19974	3.847	1.496	1	8
性别（男=1）	19974	0.490	0.500	0	1
年龄分组	19974	4.110	1.779	1	9
民族（汉=1）	19974	0.971	0.168	0	1

表7-8 受教育程度对收入的影响

变量	M1 全部	M2 北京市	M3 广州市	M4 上海市	M5 深圳市
教育程度	697.3*** (45.97)	667.4*** (26.85)	417.9*** (55.59)	781.5*** (28.25)	639.7*** (61.88)
性别（男=1）	1099*** (60.18)	1046*** (60.17)	875.0*** (107.8)	1185*** (60.89)	1065*** (113.4)
年龄	1036*** (49.50)	961.2*** (56.04)	974.7*** (112.9)	1120*** (63.81)	1040*** (198.0)
年龄的平方	-94.21*** (3.448)	-87.97*** (6.402)	-96.20*** (13.06)	-99.49*** (7.187)	-95.07*** (25.98)

续表

变量	M1	M2	M3	M4	M5
	全部	北京市	广州市	上海市	深圳市
民族（汉=1）	138.2	109.8	96.84	-69.40	590.5***
	(73.56)	(170.4)	(360.6)	(185.7)	(220.7)
常数项	-1926***	-1659***	-836.7**	-2166***	-2060***
	(217.9)	(235.2)	(409.9)	(256.8)	(443.3)
样本量	17916	7223	1856	7099	1738
F	/	194.2	27.39	261.4	45.54
R^2	0.195	0.193	0.0999	0.226	0.152
调整的 R^2	0.195	0.193	0.0975	0.225	0.149

注：括号内为稳健性标准误，***、**和*分别代表回归系数在1%、5%和10%的显著性水平下显著。M1估计时将标准误在城市层面聚类。

此外，通过表7-8的分析我们可以看出，男性比女性的收入更高，年龄对收入的影响是倒U形的，即首先提高，接着下降。民族的影响不明显，汉族仅在深圳市的收入高于其他少数民族。与此同时，四个城市及分城市的回归分析结果接近，表明受教育程度及除民族以外的其他变量对收入的影响都是一致的。模型的解释力方面，R^2都在0.2左右，表明解释力一般，可能还有其他变量对收入会产生影响，需要在未来加以研究，如工作时间、户籍类型、技能水平、社会网络等。

（五）北上广深农民工受教育程度对消费的影响

教育不仅促进作为生产要素的人的人力资本的发展，也应该促进作为消费主体的人的消费水平、消费观念、理性消费的发展和所应该具备的消费技能的提升。[1] 如表7-9所示，从SPSS分析

① 张学敏、何酉宁：《受教育程度对居民消费影响研究》，《教育与经济》2006年第3期。

的结果来看，相关系数为 0.338 且显著，所以被访者受教育程度与月消费显著相关。但是，受教育程度高的农村居民消费水平和购买力在农村市场无法得到完整发挥，导致农村居民消费水平与受教育程度成反比，边际消费倾向与受教育程度成正比。[①]

表 7-9　受教育程度对消费的影响

项　目		被访者受教育程度	本地月总支出
被访者教育程度	Pearson Correlation	1	.338**
	Sig.（2-tailed）		.000
	Sum of Squares and Cross-products	44690.677	25741559.838
	Covariance	2.238	1297.065
	N	19974	19847
本地月总支出	Pearson Correlation	.338**	1
	Sig.（2-tailed）	.000	
	Sum of Squares and Cross-products	25741559.838	1.309E11
	Covariance	1297.065	6596382.878
	N	19847	19847

注：**表示相关系数在 1% 显著性水平下显著。

（六）北上广深农民工受教育程度对婚育的影响

从 SPSS 分析来看，被访者受教育程度与个人月收入、初婚年龄呈显著正相关，从数据分布也能看出，受教育程度越高，一般情况下个人月收入越高，而且更偏向于晚婚。同时，从表格分析中看出，受教育程度与自己亲生子女数量、子女现居住地、平均

①　李翔、朱玉春：《受教育程度对农村居民消费结构影响研究》，《统计与决策》2013 年第 12 期。

每天工作小时数、在老家是否参加城镇养老保险、在本地是否参加工伤保险等因素成负相关。从人们的一般认知来说，也是受教育程度越高，生育子女数会越少，每天工作小时数会越少，对自己买保险的意识也会更强。

表 7 - 10　受教育程度与婚育行为的影响

项目		被访者受教育程度	初婚年	亲生子女数量
被访者受教育程度	Pearson Correlation	1	.023**	-.370**
	Sig. (2 - tailed)		.005	.000
	Sum of Squares and Cross - products	44690.677	59324.646	-6459.077
	Covariance	2.238	3.750	-.408
	N	19974	15823	15821
初婚年	Pearson Correlation	.023**	1	-.053**
	Sig. (2 - tailed)	.005		.000
	Sum of Squares and Cross - products	59324.646	1.930E8	-67916.993
	Covariance	3.750	12196.242	-4.293
	N	15823	15823	15821
亲生子女数量	Pearson Correlation	-.370**	-.053**	1
	Sig. (2 - tailed)	.000	.000	
	Sum of Squares and Cross - products	-6459.077	-67916.993	8509.985
	Covariance	-.408	-4.293	.538
	N	15821	15821	15821

注：＊＊表示相关系数在1%显著性水平下显著。

（七）北上广深农民工受教育程度对行业分布的影响

对中国进城农民工就业的不同研究结果均显示，进城农民工从事的行业范围较为狭窄，主要集中在建筑业、制造业和批发零售餐饮业；绝大多数进城农民工在职业阶梯中处于中低层；进城农民工总体上社会地位低、收入低、劳动时间长、工作不稳定等（李路路，2003；马九杰等，2003）。根据中国社会科学院人口与劳动经济研究所 2003 年 7~9 月对北京、石家庄、沈阳、无锡和东莞五城市的城市外来劳动力及本地居民进行问卷调查也显示：进城农民工就业的行业首先是批发零售餐饮业和制造业，在这两个行业里就业的农民工合计占农民工就业总人数的 60% 以上；其次是社会服务业和建筑业，在这两个行业里就业的农民工约占农民工就业总人数的 25%。高文本认为农民工就业的这种行业分布与他们的人力资本状况是密切相关的，因为这些行业通常对劳动力技能要求不高，进入门槛较低，符合农民工自身的比较优势；而像金融、保险、房地产、卫生、教育、文化等行业，进入门槛较高，因此，农民工就业的比例就非常低。[①]

　　10 年后，我们发现，北上广深农民工就业的行业分布依旧没有太大改变。通过表 7-11 我们可以看出，全国农民工大部分在制造业、建筑业、批发零售、住宿餐饮、社会服务、交通运输仓储通信等行业就业，占比分别为 20.1%、8.9%、23.2%、14.4%、11.5%、3.8%，同样，北上广深四城市农民工也集中分布在这几个行业，占比分别为 25.3%、6.5%、19.9%、12.1%、10.9%、5.2%，如表 7-12 所示。通过对比全国范围农民工和北上广深农民工就业分布，我们可以发现，两个区域范围的分布基本一致。

---

　　① 高文书：《进城农民工就业状况及收入影响因素分析》，《中国农村经济》2006年第 1 期。

表7-11 全国范围农民工就业行业分布

项目		未上过学	小学	初中	高中	中专	大学专科	大学本科	研究生	合计
					被访者受教育程度					
制造业	Count	547	4525	19739	4451	2569	2120	1047	46	35044
	% within 就业单位所属行业	1.6%	12.9%	56.3%	12.7%	7.3%	6.0%	3.0%	0.1%	100.0%
	% of Total	0.3%	2.6%	11.3%	2.6%	1.5%	1.2%	0.6%	0.0%	20.1%
采掘业	Count	24	247	951	253	163	180	77	2	1897
	% within 就业单位所属行业	1.3%	13.0%	50.1%	13.3%	8.6%	9.5%	4.1%	0.1%	100.0%
	% of Total	0.0%	0.1%	0.5%	0.1%	0.1%	0.1%	0.0%	0.0%	0.9%
农林牧渔	Count	339	1710	2424	338	95	100	61	8	5075
	% within 就业单位所属行业	6.7%	33.7%	47.8%	6.7%	1.9%	2.0%	1.2%	0.2%	100.0%
	% of Total	0.2%	1.0%	1.4%	0.2%	0.1%	0.1%	0.0%	0.0%	3.0%
建筑	Count	230	2589	8850	1987	624	808	410	19	15517
	% within 就业单位所属行业	1.5%	16.7%	57.0%	12.8%	4.0%	5.2%	2.6%	0.1%	100.0%
	% of Total	0.1%	1.5%	5.1%	1.1%	0.4%	0.5%	0.2%	0.0%	8.9%
电煤水生产供应	Count	7	110	486	201	95	210	97	8	1214
	% within 就业单位所属行业	0.6%	9.1%	40.0%	16.6%	7.8%	17.3%	8.0%	0.7%	100.0%
	% of Total	0.0%	0.1%	0.3%	0.1%	0.1%	0.1%	0.1%	0.0%	0.7%

续表

项目		未上过学	小学	初中	高中	中专	大学专科	大学本科	研究生	合计
批发零售	Count	495	4628	22774	7267	2201	2053	641	14	40073
	% within 就业单位所属行业	1.2%	11.5%	56.8%	18.1%	5.5%	5.1%	1.6%	0.0%	100.0%
	% of Total	0.3%	2.7%	13.1%	4.2%	1.3%	1.2%	0.4%	0.0%	23.2%
住宿餐饮	Count	368	2880	14854	4425	1412	919	270	5	25133
	% within 就业单位所属行业	1.5%	11.5%	59.1%	17.6%	5.6%	3.7%	1.1%	0.0%	100.0%
	% of Total	0.2%	1.7%	8.5%	2.5%	0.8%	0.5%	0.2%	0.0%	14.4%
社会服务	Count	263	2302	10736	3599	1324	1276	412	15	19927
	% within 就业单位所属行业	1.3%	11.6%	53.9%	18.1%	6.6%	6.4%	2.1%	0.1%	100.0%
	% of Total	0.2%	1.3%	6.2%	2.1%	0.8%	0.7%	0.2%	0.0%	11.5%
金融、保险、房地产	Count	11	77	499	402	218	508	398	31	2144
	% within 就业单位所属行业	0.5%	3.6%	23.3%	18.8%	10.2%	23.7%	18.6%	1.4%	100.0%
	% of Total	0.0%	0.0%	0.3%	0.2%	0.1%	0.3%	0.2%	0.0%	1.1%
交通运输、仓储通信	Count	52	602	3799	1111	407	502	268	14	6755
	% within 就业单位所属行业	0.8%	8.9%	56.2%	16.4%	6.0%	7.4%	4.0%	0.2%	100.0%
	% of Total	0.0%	0.3%	2.2%	0.6%	0.2%	0.3%	0.2%	0.0%	3.8%

被访者受教育程度

续表

项　目		被访者受教育程度								合计
		未上过学	小学	初中	高中	中专	大学专科	大学本科	研究生	
卫生、体育和社会福利	Count	51	167	421	212	261	536	251	25	1924
	% within 就业单位所属行业	2.7%	8.7%	21.9%	11.0%	13.6%	27.9%	13.0%	1.3%	100.0%
	% of Total	0.0%	0.1%	0.2%	0.1%	0.1%	0.3%	0.1%	0.0%	1.1%
教育、文化及广播电影电视	Count	8	58	336	239	217	497	564	80	1999
	% within 就业单位所属行业	0.4%	2.9%	16.8%	12.0%	10.9%	24.9%	28.2%	4.0%	100.0%
	% of Total	0.0%	0.0%	0.2%	0.1%	0.1%	0.3%	0.3%	0.0%	1.0%
科研和技术服务	Count	10	57	409	295	197	498	483	93	2042
	% within 就业单位所属行业	0.5%	2.8%	20.0%	14.4%	9.6%	24.4%	23.7%	4.6%	100.0%
	% of Total	0.0%	0.0%	0.2%	0.2%	0.1%	0.3%	0.3%	0.1%	1.2%
党政机关和社会团体	Count	7	44	143	122	59	176	238	16	805
	% within 就业单位所属行业	0.9%	5.5%	17.8%	15.2%	7.3%	21.9%	29.6%	2.0%	100.0%
	% of Total	0.0%	0.0%	0.1%	0.1%	0.0%	0.1%	0.1%	0.0%	0.4%
其他	Count	276	2317	8219	2008	707	754	342	10	14633
	% within 就业单位所属行业	1.9%	15.8%	56.2%	13.7%	4.8%	5.2%	2.3%	0.1%	100.0%
	% of Total	0.2%	1.3%	4.7%	1.2%	0.4%	0.4%	0.2%	0.0%	8.4%
合计	Count	2688	22313	94640	26910	10549	11137	5559	386	174182
	% within 就业单位所属行业	1.5%	12.8%	54.3%	15.4%	6.1%	6.4%	3.2%	0.2%	100.0%
	% of Total	1.5%	12.8%	54.3%	15.4%	6.1%	6.4%	3.2%	0.2%	100.0%

中国超大城市农民工问题研究

表7-12 北上广深农民工就业行业分布

项　目		被访者受教育程度								合计
		未上过学	小学	初中	高中	中专	大学专科	大学本科	研究生	
制造业	Count	35	359	2392	671	346	344	281	23	4451
	% within 就业单位所属行业	0.8%	8.1%	53.7%	15.1%	7.8%	7.7%	6.3%	0.5%	100.0%
	% of Total	0.2%	2.0%	13.6%	3.8%	2.0%	2.0%	1.6%	0.1%	25.3%
采掘业	Count	0	0	4	1	1	1	3	1	11
	% within 就业单位所属行业	0.0%	0.0%	36.4%	9.1%	9.1%	9.1%	27.3%	9.1%	100.0%
	% of Total	0.0%	0.0%	0.0%	0.0%	0.0%	0.0%	0.0%	0.0%	0.1%
农林牧渔	Count	13	70	112	23	3	4	9	1	235
	% within 就业单位所属行业	5.5%	29.8%	47.7%	9.8%	1.3%	1.7%	3.8%	0.4%	100.0%
	% of Total	0.1%	0.4%	0.6%	0.1%	0.0%	0.0%	0.1%	0.0%	1.3%
建筑	Count	13	119	590	158	55	91	83	9	1118
	% within 就业单位所属行业	1.2%	10.6%	52.8%	14.1%	4.9%	8.1%	7.4%	0.8%	100.0%
	% of Total	0.1%	0.7%	3.4%	0.9%	0.3%	0.5%	0.5%	0.1%	6.5%
电煤水生产供应	Count	0	7	24	10	6	8	1	5	61
	% within 就业单位所属行业	0.0%	11.5%	39.3%	16.4%	9.8%	13.1%	1.6%	8.2%	100.0%
	% of Total	0.0%	0.0%	0.1%	0.1%	0.0%	0.0%	0.0%	0.0%	0.2%

续表

项　目		未上过学	小学	初中	高中	中专	大学专科	大学本科	研究生	合计
		被访者受教育程度								
批发零售	Count	37	328	1879	670	187	255	124	8	3488
	% within 就业单位所属行业	1.1%	9.4%	53.9%	19.2%	5.4%	7.3%	3.6%	0.2%	100.0%
	% of Total	0.2%	1.9%	10.7%	3.8%	1.1%	1.5%	0.7%	0.0%	19.9%
住宿餐饮	Count	21	213	1242	381	146	96	33	2	2134
	% within 就业单位所属行业	1.0%	10.0%	58.2%	17.9%	6.8%	4.5%	1.5%	0.1%	100.0%
	% of Total	0.1%	1.2%	7.1%	2.2%	0.8%	0.5%	0.2%	0.0%	12.1%
社会服务	Count	23	163	947	396	131	173	83	5	1921
	% within 就业单位所属行业	1.2%	8.5%	49.3%	20.6%	6.8%	9.0%	4.3%	0.3%	100.0%
	% of Total	0.1%	0.9%	5.4%	2.3%	0.7%	1.0%	0.5%	0.0%	10.9%
金融、保险、房地产	Count	1	4	61	59	39	93	113	19	389
	% within 就业单位所属行业	0.3%	1.0%	15.7%	15.2%	10.0%	23.9%	29.0%	4.9%	100.0%
	% of Total	0.0%	0.0%	0.3%	0.3%	0.2%	0.5%	0.6%	0.1%	2.0%
交通运输、仓储通信	Count	6	46	412	152	56	133	98	5	908
	% within 就业单位所属行业	0.7%	5.1%	45.4%	16.7%	6.2%	14.6%	10.8%	0.6%	100.0%
	% of Total	0.0%	0.3%	2.3%	0.9%	0.3%	0.8%	0.6%	0.0%	5.2%

续表

项 目		被访者受教育程度								合计
		未上过学	小学	初中	高中	中专	大学专科	大学本科	研究生	
卫生、体育和社会福利	Count	0	23	78	27	26	72	47	5	278
	% within 就业单位所属行业	0.0%	8.3%	28.1%	9.7%	9.4%	25.9%	16.9%	1.8%	100.0%
	% of Total	0.0%	0.1%	0.4%	0.2%	0.1%	0.4%	0.3%	0.0%	1.5%
教育、文化及广播电影电视	Count	1	6	59	46	43	112	147	19	433
	% within 就业单位所属行业	0.2%	1.4%	13.6%	10.6%	9.9%	25.9%	33.9%	4.4%	100.0%
	% of Total	0.0%	0.0%	0.3%	0.3%	0.2%	0.6%	0.8%	0.1%	2.3%
科研和技术服务	Count	4	7	66	68	37	178	286	65	711
	% within 就业单位所属行业	0.6%	1.0%	9.3%	9.6%	5.2%	25.0%	40.2%	9.1%	100.0%
	% of Total	0.0%	0.0%	0.4%	0.4%	0.2%	1.0%	1.6%	.4%	4.0%
党政机关和社会团体	Count	0	6	24	28	10	9	16	3	96
	% within 就业单位所属行业	0.0%	6.3%	25.0%	29.2%	10.4%	9.4%	16.7%	3.1%	100.0%
	% of Total	0.0%	0.0%	0.1%	0.2%	0.1%	0.1%	0.1%	0.0%	0.6%
其他	Count	13	152	622	209	73	122	124	8	1323
	% within 就业单位所属行业	1.0%	11.5%	47.0%	15.8%	5.5%	9.2%	9.4%	.6%	100.0%
	% of Total	0.1%	0.9%	3.5%	1.2%	0.4%	0.7%	0.7%	0.0%	7.5%
合计	Count	167	1503	8512	2899	1159	1691	1448	178	17557
	% within 就业单位所属行业	1.0%	8.6%	48.5%	16.5%	6.6%	9.6%	8.2%	1.0%	100.0%
	% of Total	1.0%	8.6%	48.5%	16.5%	6.6%	9.6%	8.2%	1.0%	100.0%

五　结论和政策建议

当前，全国范围及北上广深农民工的受教育程度总体上还是偏低的。农民工较低的受教育程度影响了产业结构调整和农民工群体的就业能力提升。通过以上研究分析我们可以得出以下结论。

第一，北上广深超大城市农民工受教育程度要比全国范围内农民工受教育程度更好，这反映出在北上广深超大城市生存对农民工的受教育程度有更高的要求。或者说，农民工受教育程度影响到其就业的地域。但是，总体而言，农民工受教育程度还是偏低的。

第二，北上广深超大城市农民工受教育程度存在性别差异。这可能受到中国农村"重男轻女"思想的影响，对男性教育投入比较大，而对女性教育投入相对不足。

第三，北上广深超大城市农民工受教育程度对就业单位性质有明显影响。目前，北上广深农民工就业主要集中在民营企业或者个体工商户，在公有制企业工作的还是比较少的。但是，在私营企业工作往往意味着社会保障、福利等的缺失和不足。换言之，北上广深农民工受到教育水平低的影响，在就业竞争力方面存在严重不足。

第四，北上广深超大城市农民工受教育程度与收入水平存在明显相关性。尤其是在北上广深这样的超大城市，其行业分布和工作性质往往对求职者的综合素质和能力有更高的要求，而受教育程度从很大程度上决定了求职者的综合素质和能力。因此，农民工受教育程度在北上广深超大城市与收入水平存在明显相关性，受教育程度越高，月收入就越高。

第五，北上广深超大城市农民工受教育程度越高，结婚越晚。

第六，北上广深超大城市农民工受教育程度越高，社会保障程度越高。现有相关研究也证明了这一点，进城农民工就业表现出行业高度集中、劳动时间长、工资水平低、雇用关系不规范和劳动关系紧张等特征，非正规就业的色彩浓厚，在劳动报酬和劳动条件方面进城农民工与城市本地劳动力存在显著差距。[①]

第七，北上广深超大城市农民工就业集中分布在劳动密集型、低技术含量的批发餐饮、交通运输、建筑等行业，而党政机关等农民工很难进入。这一事实与现有其他研究的结果一致，例如，Wang 和 Zuo（1999）基于北京与上海的数据研究发现，农民工大多从事低收入的低级工作；杨云彦和陈金永（2000）的研究则发现，进入大城市就业的农民工主要分布于职业队列末端、城市本地劳动力供给不足的行业；Dong 和 Bowles（2002）基于大连与厦门的数据研究发现，农民工身份会阻止他们进入外商直接投资公司；王美艳也证实了农民工的身份会降低他们进入国有单位的机会。这说明，在城市劳动力市场上，按技能和职业分割的二元劳动力市场同时也是按户籍分割的二元劳动力市场。[②]

城市化的过程就是城乡居民在收入水平、社会保障和福利、受教育机会和质量以及就业条件和居住环境不断融合和趋同的过程。[③] 因此，在当前中国城市化背景下，北上广深超大城市产业升级过程，对农民工的综合能力提出了更高的要求。这在很大程度上取决于农民工受教育程度的提高。因此，严格执行九年义务教育，从整体上提高农村流动人口的受教育程度和年限，对提高农

---

① 高文书：《进城农民工就业状况及收入影响因素分析》，《中国农村经济》2006年第1期。
② 章元、陆铭：《社会网络是否有助于提高农民工的工资水平》，《管理世界》2009年第3期。
③ 王美艳：《城市劳动力市场上的就业机会与工资差异》，《中国社会科学》2005年第5期。

民工，尤其是新生代农民工的就业能力和城市融入能力至关重要。

此外，伴随着老一代农民工逐步返乡养老，新生代农民工将成为整个城市化和产业升级过程的主力。相关研究显示，新生代农民工占外出农民工的六成以上，在经济社会发展中日益发挥主力军的作用。据国家统计局公布的数据：2009 年，全国农民工总量为 2.3 亿人，外出农民工数量为 1.5 亿人，其中，16～30 岁的占 61.6%。据此推算，2009 年外出新生代农民工数量在 8900 万左右，如果将 8445 万就地转移农民工中的新生代群体考虑进来，我国现阶段新生代农民工总数在 1 亿人左右。这表明，新生代农民工在我国 2.3 亿农民工中，占将近一半，他们在我国经济社会发展中日益发挥主力军的作用。

新生代农民工与老一辈农民工相比，大多数文化程度较高，对农村陌生，对农业不熟悉，已经适应了城市的生活和环境，他们崇尚自由，追求个性，缺乏吃苦耐劳的精神，没有较大的家庭负担，对工作性质、工作环境、福利待遇、职业前景等方面有较高要求。就业过程中一旦发现当前的工作在某些方面不能满足其要求，他们大多数会选择辞职、暂时性不就业，或是一直处于待就业状态，就业稳定性较差。正是由于新生代农民工数量大、就业稳定性差这两方面的原因，我国劳动力市场供给和需求出现了新的变化，企业在招工、用工等方面也遇到了前所未有的困难。因此，当前对新生代农民工就业问题的研究就显得尤为重要和迫切。在新生代农民工就业问题中，一个非常重要的问题是如何提升其综合素质。在贯彻九年义务教育的同时，还要加强职业技能的培训，构建良好的就业平台和网络。

第八章　超大城市农民工
健康状况

一　研究背景及数据说明

从 20 世纪 80 年代开始，农民工逐渐大量进入城市，为城市建设做出了很大的贡献。根据国家统计局发布的数据，2014 年全国农民工总量已经达到了 27395 万人[①]。农民工进城后，所从事的一般是城市人不愿干的脏、累、险、差的工作，大量农民工进入建筑业、制造业等行业，工作环境往往与"有毒""粉尘""噪音""潮湿""高空"等这些关键词有密切联系。农民工的劳动强度大，工作时间长，往往一周工作六天以上，这些都对健康产生了不利的影响[②]。

[①]　国家统计局：《2014 年全国农民工监测调查报告》，http：//www. stats. gov. cn/tjsj/zxfb/201504/t20150429_ 797821. html，2015 年 4 月 29 日。

[②]　黄庆波、萨支红：《农民工工作时间与其身心健康的关系》，《中国健康心理学杂志》2015 年第 3 期，第 358 ~ 362 页。

与此同时，农民工的健康保障制度也处于不完善的状态。中国的医疗卫生系统一直是以地域和户口为基础来管理的。农民工在原户籍地参加了医疗保障制度，来到户口所在地以外的城市之后，按照规定如果在城市就医，需要先回户籍地办理转诊手续，跨省所产生的医疗费用也要回到户籍地才能报销。这样，农民工看病大多数是自己掏腰包，加剧了农民工"小病不愿治、大病不敢治"的情况。

随着新型城镇化以及户籍制度改革的推进，农民工与城市的联系已经越来越密切，而且很大一部分农民工逐渐成为城市的一员，农民工对医疗保障的需求也会越来越强烈。

目前对农民工健康的研究主要有两个方面：一是从应用定量模型研究健康的影响因素；二是研究健康的具体内容，如职业病、心理健康、精神健康等。研究的结论有教育、社会资本对农民工的健康有显著的正影响[1]；农民工的心理健康水平低于全国正常人的平均水平；文化程度、婚姻状况与人格特征是影响农民工心理健康的重要因素。[2]每个工作日工作时间越长、每月工作日数越多、工作环境越恶劣，农民工的健康状况就会越差。因此，保证农民工享有必要的休息时间，改善农民工的工作环境，对提高农民工的健康状况有重要意义。[3]

本章主要考察农民工的健康状况以及医疗服务利用情况，分析农民工的健康与医疗服务利用、个人基本特征以及社会变量的关系，特别是不同的医疗保险制度对农民工的医疗服务利用可能

---

[1]　黄乾：《教育与社会资本对城市农民工健康的影响研究》，《人口与经济》2010年第2期，第71~75页。

[2]　孙崇勇等：《民工心理健康状况及影响因素的调查》，《现代预防医学》2008年第14期，第2694~2694、2697页。

[3]　金成武：《健康变量的讨论：以农民工健康状况研究为例》，《中国劳动经济学》2009年第2期，第51~77页。

产生的影响。本章的结构安排如下，第一部分阐述研究的背景及意义；第二部分分析北上广深农民工的健康及医疗服务利用总体情况；第三部分对四个城市的农民工健康及医疗服务利用情况进行对比分析；第四部分比较北上广深农民工与其他城市农民工的健康及医疗服务利用情况。

本章所使用的数据来源于国家卫生和计划生育委员会 2013 年开展的"流动人口动态监测调查"。该调查对象是在现居住地居住 1 个月以上且非本区（县、市）户口的 15～59 岁流动人口。采用分层、三阶段与流动人口成比例的 PPS 抽样方法，监测内容包括流动人口基本信息、就业状况、居住状况、社会保障等，实际调查流动人口 199000 人，有效样本 198795 个，调查结果对全国具有较强的代表性。

根据分析需要，我们选择户口性质为"农业"的流动人口（即"农民工"）为研究对象，得到样本 169650 个，其中北上广深四个超大城市的农民工样本共 15509 个（北京 5980 个，上海 6162 个，广州 1742 个，深圳 1625 个）。在本章的研究中，涉及农民工的患病及就医情况，样本数量相应会有改变，具体情况见表 8 - 1。

表 8 - 1　北上广深农民工健康及医疗服务利用样本基本情况

单位：个

样　　本	北京	上海	广州	深圳	合计
总体样本量	5980	6162	1742	1625	15509
患病样本量	514	706	323	236	1779
就诊样本量	314	514	210	160	1198

注：1. "患病"是指最近一年本人有负伤或者身体不适的情况；

2. "就诊"是指最近一次患病（负伤）或者身体不适时，到各类医疗机构看病的情况。

二　北上广深农民工的健康及医疗服务
利用总体情况

（一）健康基本状况

健康是人力资本的重要组成部分，已有文献一般采用受访者自评健康作为衡量健康的指标[1]，也有文献采用生活质量指数（QWB）来衡量健康状况[2]。在"流动人口动态监测数据"中，有一个问题是"您最近一年是否有患病（负伤）或者身体不适的情况"，我们根据这个问题的回答情况来反映农民工的健康状况，如果回答"是"，就认为农民工属于患病的情况。

北上广深四个超大城市的农民工一年内患病人数为1779人，占农民工总数的11.47%，其中两周患病率为2.89%。从全国情况来看，农民工一年内患病人数为16944人，约占全国农民工总数的10%，其中两周患病率为2.81%。可见，超大城市农民工的健康状况与全国农民工的情况比较接近。

1. 健康状况的性别差异

一般来说，女性的患病率高于男性。北上广深农民工数据也显示出这个特点，在图8-1中，内圈表示男性、外圈表示女性，显示，女性农民工一年内患病率比男性高出3.2个百分点。无论是两周内患病的比例还是两周前患病的比例都高于男性。

---

① 张川川：《健康变化对劳动供给和收入影响的实证分析》，《经济评论》2011年第4期，第79～88页。解垩：《健康对劳动力退出的影响》，《世界经济文汇》2011年第1期，第109～120页。齐良书：《收入、收入不均与健康：城乡差异和职业地位的影响》，《经济研究》2006年第11期，第16～26页。

② 赵忠、侯振刚：《我国城镇居民的健康需求与Grossman模型——来自截面数据的证据》，《经济研究》2005年第10期，第79～90页。

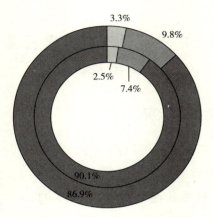

图 8－1　按性别最近一年患病情况

2. 不同年龄段的健康状况

分年龄情况来看，随着年龄的增长，患病率也在不断提高。农民工最近一年的患病率，25 岁以下年龄段为 8.9%，55 岁以上的为 14.7%，相差 5.8 个百分点。

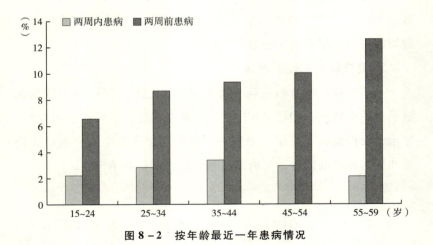

图 8－2　按年龄最近一年患病情况

3. 健康与受教育程度的关系

一般研究认为，受教育程度与健康为正向的关系，即受教育程度越高，患病率越低，健康状况越好。流动人口监测调查数据反映出，农民工的健康状况与受教育程度也呈现正向的关系。在超大城市，随着受教育程度的提高，农民工的两周内以及两周以前患病的比例都呈降低的趋势，而未患病率不断提高。大学及以上受教育程度的农民工一年内患病率仅为9.3%，而未上学农民工患病率为17.5%。

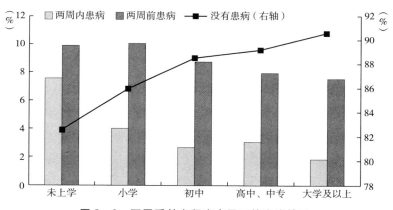

图8-3　不同受教育程度农民工的患病情况

4. 健康状况与职业的关系

在城市化的过程中，大量农民工进城务工，他们的生活方式和工作方式都相比之前发生了改变，工业化带来的健康风险更多地威胁着农民工的健康，工伤成为危害农民工健康的重要因素，职业病更是给农民工的健康带来严重危害。农民工在工作中经常接触粉尘、油漆以及一些有毒有害物质，而且一些农民工集中的行业往往是职业病的"高发区"。当前农民工对相关劳动保护法律法规了解有限，对职业病防范意识薄弱，甚至有些企业钻法律法规的漏洞，侵犯农民工的健康权益。农民工一旦患上职业病，除了沉重的医疗负担以外，其生活也会受到严重影响。因此，职业对健康状况的影响是值得研究的。

我们把农民工的职业分为单位负责人、私营企业主、专业技术人员、办事人员、个体户、商业服务人员、工人、自由职业及其他等几类。其中人数较多的分别是商业服务人员占31.6%、工人占27.6%、个体户占24.0%，这三类人员就占到了总数的83.2%。另外，私营企业主占8.4%，专业技术人员占6.0%。从职业分层情况来看，最近一年内患病率最高的职业是工人，其次是专业技术人员和个体户。

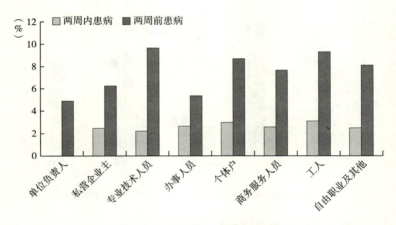

图 8-4　健康状况的职业分布

（二）医疗服务利用情况

医疗服务利用就是患者利用医疗服务的行为，也可以称为"卫生服务利用""就医行为""求医行为"等，主要是指使用公共卫生、临床预防或医学治疗服务的行为。[①] 在本节的分析中，我们主要考察患者患病后是否就医、就医后医疗机构的选择、就诊方式以及医疗费用的报销等问题。

———————

① 傅华主编《预防医学》，人民卫生出版社，2008。

医疗服务利用是一个非常复杂的行为，受许多因素的影响。分析医疗服务利用的经典模型是 Andersen 模型[1]，该模型认为医疗服务利用的影响因素主要分为三类：倾向因素、能力因素和需要因素。第一类倾向因素是指疾病发生前有哪些特性的人比较倾向于使用医疗服务，主要包括年龄、性别、婚姻状况等人口学特征；受教育程度、职业类型等社会结构指标以及人们对于健康的态度、价值以及所掌握的知识。第二类能力因素是指个人获得医疗服务的能力，主要包括收入、医疗保险、医疗服务的可及性等变量。第三类需要因素主要指疾病状况，包括自我评估和医护人员的评估。根据 Andersen 医疗服务利用模型以及流动人口动态监测调查数据，我们将分别从性别、年龄、婚姻状况、参加医疗保险情况等方面分析这些因素与农民工医疗服务利用的关系。

1. 患病后是否就诊及就诊方式

根据调查数据，如果农民工最近一次患病或者身体出现不适时，选择"在药店买药"或者"哪儿也没去，没治疗"，则将其视为未就诊；如果选择在各类医疗机构看病，则视为就诊。结果显示，北上广深四个城市农民工患病后未就诊的比例为 32.7%。2008 年第四次卫生服务调查显示，两周患病未就诊比例城市为37.3%，农村为37.8%。所以，总的来看，超大城市农民工患病后就诊比例高于全国平均水平。

从调查数据的结果来看（见表 8 - 2），在患病后是否就诊方面，在女性就诊率高于男性，已婚农民工更倾向于就诊，年龄越大的农民工就诊率越高。最后，从职业分层来看，单位负责人和私营企业主的就诊率最高，自由职业者的就诊率最低。在就诊方

---

① Ronald Andersen and Mary Margaret Clemens, Revisiting the Behavioral Model and Access to Medical Care, Does It Matter? *Journal of Health and Social Behavior*, 1995, 36 (1): 1 – 10.

式上，各因素都没有显示出明显的差异，这主要是因为生病后是否住院关键是根据疾病的严重程度，这在数据中没有体现，所以无法进一步分析。

表8-2　患病后是否就诊及就诊方式的不同因素分析

单位:%

变　量	是否就诊		就诊方式		
	未就诊	就诊	门诊	急诊	住院
分性别					
男	33.77	66.23	85.12	8.53	6.35
女	31.83	68.17	88.04	4.61	7.35
年龄分段					
15 岁～24 岁	41.25	58.75	87.08	7.30	5.62
25 岁～34 岁	30.73	69.27	86.24	6.78	6.98
35 岁～44 岁	32.02	69.98	86.58	6.32	7.11
45 岁～54 岁	29.03	70.97	88.64	3.03	8.33
55 岁～59 岁	25.00	75.00	90.48	4.76	4.76
婚姻状况					
未婚	45.49	54.51	88.54	8.28	3.18
已婚	29.99	70.01	86.53	6.01	7.46
分职业					
单位负责人	0.00	100.00	100.00	—	—
私营企业主	28.87	71.13	91.30	4.35	4.35
专业技术人员	30.21	69.79	83.58	8.96	7.46
办事人员	33.33	66.67	100.00	—	—
个体户	33.16	66.84	86.40	6.40	7.20
商业服务人员	35.66	64.34	87.68	6.88	5.43
工人	34.35	65.65	90.00	6.00	4.00
自由职业及其他	41.18	58.82	100.00	—	—
样本量	1779		1198		

除了性别、年龄、婚姻状况、职业等人口学特征因素以外，医疗保险对农民工患病后就诊行为也有非常重要的影响。医疗保险制度的直接作用就是减轻被保险者的医疗负担，使其患病后能够及时得到治疗，从而促进被保险者的身体健康。对于农民工来说，他们在农村时基本都加入了农村的医疗保障，而来到城市以后，城市的医疗保障没有完全无条件地向农民工放开，因此，农民工的医疗保障目前可以说处于一个城乡尚未完全有效衔接的阶段，这对农民工的就医也产生了一些影响。

农民工在户籍地参加的医疗保险主要是新型农村合作医疗保险（简称"新农合"），还有一小部分农民工参加了商业医疗保险。在流动人口的输入地，农民工参加的医疗保险主要是城镇职工基本医疗保险（简称"城职保"）、城镇居民基本医疗保险（简称"城居保"）以及商业医疗保险。

根据国家统计局抽样调查结果，2013 年全国农民工总量达到26894 万人[1]，根据人社部公布的《2013 年度人力资源和社会保障事业发展统计公报》，[2] 年末参加城镇医疗保险的农民工人数为5018 万人，农民工参加城镇医疗保险的参保率为 18.7%，农民工参加城镇医疗保险体系的情况并不乐观。

表 8 - 3 的结果表明，来到北上广深超大城市的农民工有65.48% 已经在老家参加了新型农村合作医疗保险，来到城市以后只有 25.40% 的农民工参加了城镇职工医疗保险、3.77% 的农民工参加了城镇居民医疗保险。如果分析患病农民工样本，参加"新农合"的比例为 67.8%，参加"城职保"的比例为 26.0%，参加"城居

① 国家统计局：《2013 年全国农民工监测调查报告》，http：//www.stats.gov.cn/tjsj/zxfb/201405/t20140512_ 551585. html，2014 年 5 月 12 日。

② 人力资源和社会保障部：《2013 年度人力资源和社会保障事业发展统计公报》，www. mohrss. org. cn，2014 年 5 月 28 日。

"保"的比例为 3.4%。然而，非农户籍的流动人口在城镇参加职工医疗保险的比例已经接近 54%，与农民工具有显著的差别。

表 8 - 3　超大城市不同户籍流动人口参加医疗保险情况

项目		农民工	非农业户籍流动人口
在户籍地参加医疗保险	"新农合"	10156 （65.48）	533 （12.05）
	商业医疗保险	322 （2.08）	157 （3.55）
在本地参加医疗保险	"城职保"	3940 （25.40）	2384 （53.88）
	"城居保"	585 （3.77）	455 （10.28）
	商业医疗保险	899 （5.80）	657 （14.85）
样本数		15509 （100.00）	4425 （100.00）

注：报告的结果是样本数，括号内为比例（%）。

医疗保险状况不同，患病后的就医行为就有了显著的不同，图 8 - 5 非常明显地表现出了这种差别。无论是哪种医疗保险，参加医疗保险的农民工患病后的就诊率都明显高于未参加医疗保险的农民工。而且，参加了城镇医疗保险的农民工的就诊率有更大幅度的提高。

2. 就诊机构的选择

进一步分析医疗保险对农民工就诊机构选择的影响。从表 8 - 4 可以看出，是否参加"新农合"对农民工的就诊机构选择几乎没有影响，而参加"城职保"或者"城居保"，对农民工在城市的就医有着明显的影响。参加"城职保"或者"城居保"的农民工到本地社区卫生站就医的比例远远高于未参加城镇

164

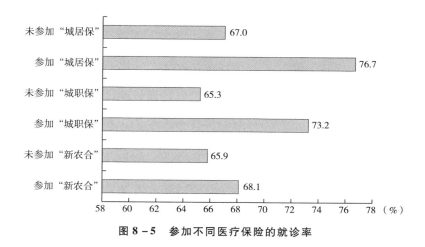

图 8 - 5　参加不同医疗保险的就诊率

医疗保险的农民工。相应地，如果农民工参加了城镇医疗保险，患病后自己到药店买药的比例也比没有参加城镇医疗保险的低。因此，我们可以得出这样的结论：在户籍地参加的医疗保险对输入地（"本地"）就医并无明显影响，而在输入地参加的医疗保险对农民工的就医有显著的影响。

表 8 - 4　参加不同医疗保险的农民工就诊机构选择情况

单位：%

项　目	是否参加"新农合"		是否参加"城职保"		是否参加"城居保"	
	参加	未参加	参加	未参加	参加	未参加
本地社区卫生站	27.14	27.35	31.53	25.68	40.00	26.76
本地个体诊所	8.05	5.05	1.94	8.89	11.67	6.92
本地综合/专科医院	30.12	31.53	38.01	27.96	25.00	30.77
在老家治疗	2.41	1.22	1.30	2.28	0.00	2.09
本地和老家以外的其他地方	0.33	0.70	0.43	0.46	0.00	0.47
本地药店	26.47	28.75	22.46	28.88	18.33	27.52
哪也没去，没治疗	5.48	5.40	4.32	5.85	5.00	5.47
合　计	100.00	100.00	100.00	100.00	100.00	100.00

3. 医疗费用报销情况

医疗费用能否得到报销与患者的医疗保险状况密切相关。超大城市患病后就诊农民工中，大约12%在看病时当场减免，通过城镇职工医疗保险中心报销的占7.26%，通过新型农村合作医疗办公室报销的只有5.34%，而72%的就诊农民工没有得到任何报销。而且，门诊患者的报销比例更低，未报销的占74.4%，住院患者的报销情况还算差强人意，没有获得报销的比例不到50%，有大约29%的通过新型农村合作医疗办公室得到了报销。图8－6还传递出一个很重要的信息，那就是农民工在城市里住院后更多地获得了新型农村合作医疗制度的报销，而门诊报销非常低。一个可能的解释就是"新农合"目前的城乡衔接还有待完善，农民工生病产生医疗费用后一般要回参保地才能报销，相比住院来说，门诊的费用一般很少，不值得为了报销跑一趟，因此农民工为了避免麻烦就不回去报销了。虽然门诊费用少，但经常发生，如果门诊费用不能得到及时报销，这其实加重了农民工的医疗负担。

我们再来进一步分析参加不同医疗保险的农民工具体的报销情况。在就诊农民工样本中，参加"新农合"的比例为68.45%，

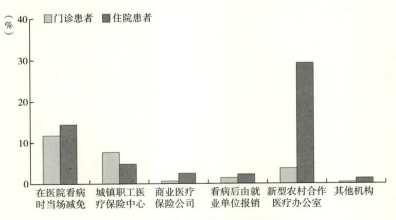

图8－6 最近一次看病的报销情况

参加"城职保"的比例为28.30%，参加"城居保"的比例为3.84%，与超大城市农民工的参保情况一致。从表8－5可以看出，对于农民工来说，是否参加"新农合"对报销的影响并不大，而是否参加城镇医疗保险对报销却有明显的影响。没有参加"城职保"的农民工有86.26%的人的医疗费用没有报销，没有参加"城居保"的有73.44%没有报销，与之相比，参加了这两种保险的农民工没有报销的比例大幅度下降，分别降至36.28%和39.13%。同时，参加了城镇医疗保险的农民工"看病时当场减免"或者"通过城镇职工医疗保险中心"报销的比例也远远高于没有参加城镇保险的农民工。这充分表明，对于农民工来说，城镇医疗保险制度对其具有实际的保障意义，而新型农村合作医疗制度的保障作用已经不明显了。

表8－5　不同医疗保险患者的报销情况

单位：%

项　　目	是否参加"新农合"		是否参加"城职保"		是否参加"城居保"	
	参加	未参加	参加	未参加	参加	未参加
在医院看病时当场减免	11.10	13.76	34.22	3.14	30.43	11.20
城镇职工医疗保险中心	6.71	8.47	20.65	1.98	21.74	6.68
商业医疗保险公司	0.37	2.12	0.29	1.16	—	0.95
看病后由就业单位报销	1.71	1.85	4.42	0.70	6.52	1.56
新型农村合作医疗办公室	7.07	1.59	2.95	6.29	—	5.56
其他机构	0.49	1.06	1.18	0.47	2.17	0.61
没有报销	72.56	71.16	36.28	86.26	39.13	73.44
合　　计	100.00	100.00	100.00	100.00	100.00	100.00
样本量（个）	820	378	339	859	46	1152

三 四个城市之间农民工健康及医疗服务 利用状况比较

北京、上海、广州、深圳四个城市，虽然都是人口规模超过
1000万人的超大城市，但是由于这几个城市的地理位置不同，农
民工的来源地也有所不同。北京的农民工主要来自河北省、河南
省，上海市的农民工主要来自江苏省、安徽省、浙江省等，广州
市的农民工主要来自广东省以及周边的湖南、江西、广西等省区，
深圳是发展较早的移民城市，农民工来自全国各地，广东省居多。
地域的差异带来文化差异、生活习惯差异，在健康以及就医行为
等方面也会有差异。同时，不同城市的政策不同，对农民工的健
康以及就医也会有不同的影响。

（一）健康情况

我们先来比较一下四个城市农民工的人口学基本特征。从表
8－6可以看出，四个超大城市农民工在性别比例、平均年龄、受
教育程度以及婚姻状况的分布上并没有明显的差异，但也显示出
一些差别来。从平均年龄看，深圳市的农民工最年轻；从婚姻状
况看，广州市农民工未婚的比例最高；从受教育程度看，深圳市
农民工的受教育程度最高，初中及以上教育程度的占94.7%，北
京、上海、广州的这个比例分别是88.8%、84.2%和91.5%。

表8－6 四个超大城市农民工的人口学基本特征

变 量	北京市	上海市	广州市	深圳市
性别（%）				
男	47.9	51.4	48.2	51.1

项　　目	北京市	上海市	广州市	深圳市
女	52.0	48.6	51.8	48.9
平均年龄（岁）	32.5	32.9	31.4	31.0
婚姻状况（%）				
未婚	23.0	18.1	29.1	18.3
已婚	76.0	80.5	70.1	81.2
受教育程度（%）				
未上学	1.1	2.1	0.6	0.5
小学	10.2	13.7	7.7	4.9
初中	57.0	58.4	59.7	57.5
高中、中专	24.7	19.0	24.6	28.6
大学及以上	7.1	6.8	7.2	8.6

用最近一年农民工患病情况来反映健康状况，四个城市有略微不同。北京市农民工的健康状况最好，一年内未患病率为91.4%，广州农民工健康状况最差，一年内未患病率为81.5%。健康状况的影响因素很多，除了人口学特征因素外，还有经济社会特征以及制度因素等，因此，四个超大城市农民工健康状况差

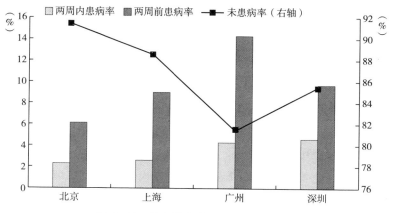

图8-7　四个城市农民工的健康状况

异的原因还要结合收入、农民工的工作时间、劳动强度、社会保障等因素做综合的分析，由于数据的限制有待于以后进一步研究。

（二）医疗服务利用情况比较分析

这一节里，我们也主要从患者患病后是否就医、就诊方式、就医后医疗机构的选择以及医疗费用的报销这几个方面来分析四个城市的农民工在医疗服务利用上的差别，并对差异的原因进行分析。

1. 农民工医疗服务利用基本情况

农民工患病后就面临着选择是去医院看病、自己到药店买药，还是不进行任何治疗。如前所述，这既取决于疾病的严重程度，也与患者的健康意识、收入状况、工作时间、社会保障等因素相关。

在患病后是否就诊的选择上，上海的农民工就诊率最高，为72.80%；北京农民工就诊率最低，只有61.09%。在就诊方式上，北京、上海的农民工住院的比例高于广州、深圳的，而广州、深圳农民工门诊的比例高于平均比例。在就诊医疗机构的选择上，四个城市有明显的差别，主要表现为：第一，北京的农民工到社区卫生站就医的比例只有大约16%，而其他三个城市都达到了30%以上。第二，广州市的农民工到个体诊所就诊的比例明显高于其他几个城市，到综合医院或者专科医院就诊的比例显著低于其他几个城市；第三，在综合医院或者专科医院就诊的比例，北京、上海都达到了30%以上。

在医疗费用的报销方面，四个城市也有显著差别。首先，"看病时当场减免"的比例四个城市差别很大，上海和深圳最高，分别为16.73%和16.25%，北京最低，还不到5%；其次，通过城镇职工医疗保险中心报销的比例深圳非常突出，达到17.50%，其他城市都不到10%；再次，通过新型农村合作医疗报销的比例都不到10%，广州、深圳只有不到2%，非常低；最后，农民工的医疗费用没有报销的比例，广州最高，接近85%，北京其次，为78.98%。

表8-7　四个城市农民工医疗服务利用基本情况

单位:%

项　　目	北京	上海	广州	深圳	总体
是否就诊					
就诊	61.09	72.80	65.02	67.80	67.34
未就诊	38.91	27.20	34.98	32.20	32.66
就诊方式					
门诊	86.62	83.66	90.48	92.50	86.81
急诊	6.05	6.81	7.14	3.75	6.26
住院	7.32	9.53	2.38	3.75	6.93
就诊医疗机构选择					
本地社区卫生站	15.95	30.59	34.37	31.78	27.21
本地个体诊所	8.56	2.97	13.00	8.05	7.08
本地综合、专科医院	33.07	36.26	17.03	26.69	30.58
在老家治疗	3.11	2.27	0.62	0.85	2.02
其他地方	0.39	0.71	0.00	0.42	0.45
本地药店	32.68	22.66	29.72	25.42	27.21
哪也没去，没治疗	6.23	4.53	5.26	6.78	5.45
医疗费用报销情况					
在医院看病时当场减免	4.46	16.73	8.10	16.25	11.94
城镇职工医疗保险中心	6.05	6.03	4.29	17.50	7.26
商业医疗保险公司	0.96	0.78	0.95	1.25	0.92
看病后由就业单位报销	0.96	2.92	0.48	1.25	1.75
新型农村合作医疗办公室	8.60	6.03	1.43	1.88	5.34
其他机构	—	1.17	—	1.25	0.67
没有报销	78.98	66.34	84.76	60.63	72.12

2. 农民工参加医疗保险情况比较分析

就医、医疗费用报销等医疗服务利用行为与农民工的医疗保险状况有显著的关系，下面我们就来分析一下四个城市农民工参加医疗保险的情况。

"流动人口动态监测调查"的数据表明（见图8－8），北京市农民工参加"新农合"的比例最高，接近80%，而深圳市最低，还不到50%。在四个超大城市中，上海市农民工参加"城职保"的比例最高，为33.7%；深圳其次，为28.6%；广州为21.4%；北京为17.2%。此外，在深圳，还有12.4%的农民工参加了"城居保"。总的来看，在四个超大城市中农民工参加城镇医疗保险体系（包括"城职保"和"城居保"）的比例分别为：北京19.6%、上海36.4%、广州25.6%、深圳41.0%，深圳最高，上海其次，北京最低。可以说，在四个超大城市中，上海和深圳对农民工的城镇医疗保障做得最好。

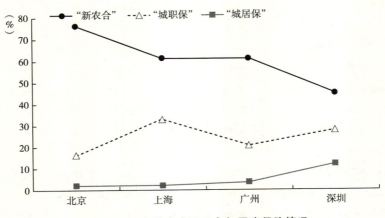

图8－8　四个城市农民工参加医疗保险情况

从各地发布的医疗保险政策来看，目前只有北京、上海和重庆等地规定农民工和城镇职工一样参加城镇职工医疗保险。比如，上海市人民政府在2011年6月发布了《关于外来从业人员参加本市城镇职工基本医疗保险若干问题的通知》（以下简称《通知》）。《通知》规定，"与本市用人单位建立劳动关系的外来从业人员，应当参加本市城镇职工基本医疗保险"。根据上海市人力资源和社会保障局提供的数据①，截至 2013 年底，上海市城镇职工基本医疗保险参保人数达到 1325.50 万人，其中农民工人数为 278.96 万人，约占 21%。

2014 年深圳市实施新医保之前，社会医疗保险设有综合医疗保险、住院医疗保险、农民工医疗保险、少年儿童住院及大病门诊医疗保险四项医疗保险形式。根据深圳市官方公布的数字，2012 年 5 月底参加医保的人数为 1118 万人，其中非户籍参保人数为 878 万人，而这之中又有 506 万人参加的是农民工医保。

尽管一些城市已经出台了农民工可以加入城镇医疗保险体系的政策，但是实施和推广还需要一些时间，目前农民工参加城镇医疗保险的比例还很低，大多数在超大城市就业的农民工参加的医疗保险还是"新农合"。也就是说，农民工虽然已经在城镇就业，但是仍然在户口所在地参加农村医疗保险。在"新农合"的异地报销制度还不完善的情况下，农民工的异地医疗保障就会受到影响，这也是北京、广州农民工"未报销"比例很高的一个主要原因。

作为流动人口，农民工的医疗保险具有一定的特殊性，他们可能既在户籍地参加医疗保险，进入城市务工以后又在输入地（"本地"）参加了医疗保险，表 8 - 8 就反映出了这种情况。可以看到，在深圳，参加"新农合"的农民工中约 30% 同时参加了"城职保"，约 13% 同时参加了"城居保"。在上海，也有大约 33% 参加"新农合"农民工参加了"城职保"。

---

① 上海市人力资源和社会保障局：《2013 年度本市社会保险基本情况》，http://www.12333sh.gov.cn/201412333/xxgk/flfg/gfxwj/jjzj/sbdj/201406/t20140618_1185413.shtml，2014 年 6 月 16 日。

表8-8　四个城市参合*农民工参加城镇医疗保险的情况

项　目		北京	上海	广州	深圳
参加"新农合"的人数（人）		4563	3783	1071	739
同时参加"城职保"	人数（人）	637	1232	194	215
	比例（%）	13.96	32.57	18.11	29.09
同时参加"城居保"	人数（人）	88	80	29	95
	比例（%）	1.93	2.11	2.71	12.86

注：*"参合"指参加新型农村合作医疗制度。

参加"新农合"的农民工，进入城市以后参加城镇医疗保险有助于减轻医疗负担。从表8-9可以看出，参加"新农合"的农民工有一定比例的人通过城镇职工医疗保险中心进行报销，还有看病时当场减免的情况，特别是上海市和深圳市。在深圳市，参加"新农合"的农民工中，有38.82%的人是通过"当场减免"和"城镇职工医疗保险中心"进行报销的。

表8-9　参加不同保险的最近一次就医费用报销情况

单位：%

最近一次看病的医疗费用报销情况	参加"新农合"				参加"城职保"			
	北京	上海	广州	深圳	北京	上海	广州	深圳
在医院看病时当场减免	2.90	17.46	5.13	20.00	13.11	41.53	31.43	35.00
城镇职工医疗保险中心	5.81	5.62	3.85	18.82	24.59	14.21	22.86	35.00
商业医疗保险公司	0.83	0.30	0.00	0.00	—	—	—	1.67
就业单位报销	0.83	3.25	0.00	1.18	3.28	6.01	2.86	1.67
新型农村合作医疗办公室	11.20	7.69	1.92	2.35	9.84	2.19		
其他单位	0.00	1.18	0.00	0.00	0.00	2.19	—	—
没有报销	78.42	64.50	89.10	57.65	49.18	33.88	42.86	26.67
合　计	100.00	100.00	100.00	100.00	100.00	100.00	100.00	100.00

参加"新农合"的农民工看病后医疗费用通过新型农村合作医疗办公室报销的比例在四个城市分别为：11.20%、7.69%、1.92%和2.35%。可以说报销的比例非常低。这表明，虽然农民工大多数加入了"新农合"，但是在城市里，农民工通过"新农合"获得的医疗保障水平很低。而参加了"城职保"的农民工报销比例得到大幅度提升，特别是在深圳市，参加"城职保"的农民工70%都获得了报销。然而，在北京有大约50%的农民工虽然参加了"城职保"，却没有得到报销。究其原因，发现这些人主要是门诊就医，可能是没有达到保险要求的起付线，也可能是没有来得及去报销。

四　与其他城市的比较

超大城市的概念是根据城市人口规模提出的，为了更有效地进行比较，这一部分把除了北上广深以外的城市再分为两类，一类是省会和计划单列市（包括大连、宁波、厦门、青岛等），其余的城市为第二类。这样，三类城市的农民工比例分别为9%、37%和54%。

北上广深对农民工具有很大的吸引力，然而超大城市由于人口规模过大而带来的城市病要求控制人口规模，对农民工进行限制。从健康及医疗服务利用的角度来看，超大城市拥有全国一流的医疗机构、比较完善的城镇医疗保障制度，这也是吸引农民工来到超大城市的一个原因。因此，这一部分着重比较超大城市与其他城市，分析他们之间的差别及原因。

从患病情况来看，几类城市的差别并不十分显著，各类城市农民工的健康状况比较接近。

下面主要从患者患病后是否就医、就诊方式、就医后医疗

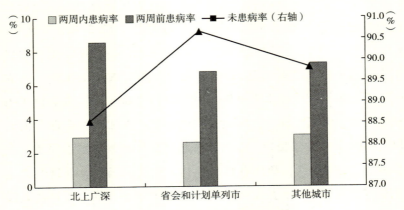

图 8-9　各类城市的患病率情况

机构的选择以及医疗费用的报销这几个方面来分析超大城市与
其他两类城市的农民工在医疗服务利用上的差别，并试图分析
其原因。

从就诊率来看，其他城市的就诊率最高，为74.26%，省会和
计划单列市农民工的就诊率最低。一般来说，城市规模越大医疗
机构越完善，比如2013年末北京有80家三甲医院。但是同时我
们也知道，在北京这样的超大城市，到医疗机构看病的人非常多，
排队等待的时间很长，也在一定程度上降低了医疗服务的可及性。
而中等城市的医疗机构虽然不如大城市的技术先进、设备完善，
但是看病并不用花费很多的时间成本，看病也就变得相对容易，
这可能就是中等城市农民工就诊率比较高的原因。

就诊方式的差别不显著，同时由于影响因素很多，在此无法
展开进一步的分析。在就诊机构的选择上，与省会和计划单列市
以及其他城市相比，超大城市农民工到社区卫生站就医的比例要
高很多，这主要是由于超大城市在社区医疗机构的建设上投入了
很大精力，社区医疗机构比较完善。相应地，城市级别越低，农
民工到个体诊所就诊的比例越高。

表 8 - 10 各类城市农民工就诊情况

单位:%

项 目	北上广深	省会和计划单列市	其他城市
是否就诊			
就诊	67.34	62.38	74.26
未就诊	32.66	37.62	25.74
就诊方式			
门诊	86.81	85.60	84.27
急诊	6.26	4.95	4.10
住院	6.93	9.45	11.63
就诊医疗机构选择			
本地社区卫生站	27.21	16.82	19.10
本地个体诊所	7.08	17.98	21.71
本地综合、专科医院	30.58	25.49	28.64
在老家治疗	2.02	1.56	2.55
其他地方	0.45	0.53	2.26
本地药店	27.21	33.08	21.31
哪儿也没去,没治疗	5.45	4.54	4.44
报销情况			
在医院看病时当场减免	11.94	6.27	6.51
城镇职工医疗保险中心	7.26	3.65	3.95
商业医疗保险公司	0.92	0.66	0.53
看病后由就业单位报销	1.75	1.87	1.67
新型农村合作医疗办公室	5.34	8.24	8.24
其他机构	0.67	0.27	0.49
没有报销	72.12	79.03	78.60

从就诊后医疗费用的报销情况看,三类城市之间还是有差别的,主要表现在两个方面:第一,报销的比例超大城市明显高于其他两类城市;第二,通过"在医院看病时当场减免"和"城镇

职工医疗保险中心"报销的比例，超大城市明显高于其他两类城市，甚至是其他两类城市的两倍。这与不同城市的农民工参与医疗保险的情况是分不开的。

从图 8 - 10 我们可以看到，超大城市的农民工有 25.4% 参加了"城镇职工医疗保险"，3.8% 参加了"城镇居民医疗保险"，也就是说有大约 30% 的农民工在城市参加了城镇医疗保险体系。而省会和计划单列市以及其他城市参加城镇医疗保险的农民工比例就低很多了，分别为 14.6% 和 13.2% 。可见，尽管一些城市出台了农民工可以加入城镇医疗保险体系的政策，但主要还是限于超大城市，大中型城市对进城农民工的医疗保险制度还非常不完善，不能给农民工提供有效的医疗保障。

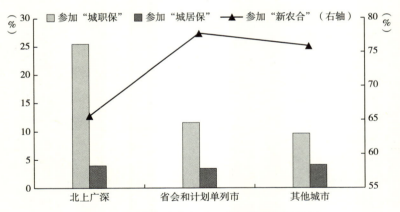

图 8 - 10　各类城市农民工参加医疗保险情况

五　结论和讨论

健康对于农民工来说具有比平常人更加重要的意义，拥有健康就意味着劳动力的保持。有研究表明，健康状况显著影响农民工的外出打工收入，健康状况较差的农民工的年均外出打工收入仅达到健康状况较好农民工的 63% 。① 健康对农民工的劳动力供给、个人生活以及国家的经济增长都有非常重要的意义。

患病后及时就医，采取相应的治疗手段是保障健康的重要方式。农民工由于个人健康意识、经济条件以及社会保障等因素的影响，在患病后是否就医、就医机构选择以及医疗费用报销等方面具有自身的特点。

总结前面几部分对超大城市农民工健康及医疗服务利用状况的分析，我们基本上可以得到以下一些结论。

第一，从北上广深农民工的总体情况来看，农民工的健康状况较好，女性患病率高于男性，随着年龄增长患病率不断提高，随着教育程度的提高患病率逐渐下降，在不同职业中工人的患病率最高。在医疗服务利用方面，超大城市农民工患病后就诊比例高于全国平均水平，医疗保险状况对农民工的就医及报销有显著的影响，表现为农民工在户籍地参加的医疗保险对输入地（"本地"）就医并无明显影响，而在输入地参加的医疗保险对农民工的就医有非常显著的影响。

第二，从四个城市的比较来看，四个城市农民工的健康状况差别不明显，但是在医疗服务利用行为上有显著的差别，主要原因是四个城市的医疗保障制度，特别是农民工参加城镇医疗保障的情况不同。虽然北京市农民工参加新型农村合作医疗的比例较高，但是"新农合"并没有表现出对农民工的医疗保障能力。深圳市的农民工参加城镇医疗保险的比例最高，因而获得的医疗补偿及保障水平也就最高。

第三，与其他城市的比较发现，农民工的健康状况差别也不

---

① 秦立建、陈波、秦雪征：《健康对农民工外出务工收入的影响分析》，《世界经济文汇》2013 年第 6 期，第 110~120 页。

明显，中等及以下城市农民工的就诊率高于超大城市。省会和计划单列市以及其他城市参加城镇医疗保险的农民工比例大大低于超大城市，获得报销的比例也低于超大城市。

综合上述几部分的内容，我们可以得出一个明确的结论：新型农村合作医疗制度对农民工在城镇的医疗保障作用并不明显，而城镇医疗保险制度对农民工的医疗保障具有现实的意义。然而目前，全国绝大多数城市尚未建立起针对农民工的城镇医疗保障体系，超大城市对农民工的城镇医疗保障也还不完善，这不利于维护农民工的健康权益。

目前全国都在推进新型城镇化建设，一些中小城市和小城镇也逐渐放开了户籍限制，允许农民落户。在这种背景下，农民工的流动就有了更多的选择，而不仅仅是一味地涌向北上广深。为了更好地吸引农民工进入中小城市以及小城镇，加快中小城市的经济发展是基础，同时在医疗保障等公共服务领域也应当尽快推进，给予农民工更多的健康权益。

第九章　超大城市农民工婚姻家庭状况

一　引言

　　近年来，中国农民工向城市大量流动，使城市的社会与经济都得到繁荣。而城市化不仅体现为一种地域空间上的迁移，也体现为一种精神空间上的迁移。农民工进入城市后，每天接受的、参与的是一种完全不同于以往在农村生活时的文化氛围。尽管大多数的农民工无论是在地区上还是在心理上都处在城市生活的边缘，但是城市的那种迥异的文化氛围对农民工产生了或多或少的影响。在城市中工作、生活的农民工深受城市文明的熏陶，他们的婚育观念也在潜移默化中改变。农民工流入城市，这不仅是个人的行为，也是关系整个家庭的行为。生活在城市中，青年农民工受到城市文明的熏陶，他们的择偶观念、生育观念也慢慢发生变化。婚育观是人们关于婚姻和生育子女的思想观念，是自觉或不自觉存在的思想意识，并随着时代、社会文化的变化而有所不同。每一具体婚育观的形成，要受到历史传统、社会制度、经济状况、文化道德等因素的影响和制约。关于婚育观，传统农业社会主张重男轻女、多子多福、无后不孝；结婚的目的是传宗接代、生儿育女；父母之命、媒妁之言成为最基本的择偶模式。而现代的婚姻建立在男女平等的基础上，批判男尊女卑、男主女从的封建道德，积极维护妇女的人身不受歧视、虐待、侮辱和侵害的权利。强调婚姻必须尊重当事人的意愿，反对那种权衡利弊的金钱婚姻和包办婚姻，对那些感情难以存继的离婚行为也给予积极的支持。科学的生育观认为，生育子女不仅是家庭的私事，也是全社会的公共问题，必须从全社会的角度加以考虑。生育子女是每个家庭对社会负有的义务，计划生育、优生优育是每一个社会成员应尽的社会责任。

通过唯物史观，我们知道社会存在决定社会意识，社会意识是社会存在的反映。人们物质生活的生产方式制约着整个社会生活、政治生活和精神生活，而人们的思想观念是人们对周围环境、社会生活和社会关系的认识。农民工的婚育观念是对社会存在的反映，所以我们可以通过分析农民工的物质生活情况来探讨农民工婚育状况的影响因素。

二　调查对象的婚育情况

本调查在北京抽取 7990 人，其中农业户籍 5980；上海抽取 7952 人，其中农业户籍 6162 人；广州抽取 1996 人，其中农业户籍 1742 人；深圳同样抽取了 1996 人，其中农业户籍 1625 人。其中有 77.8% 的人是农业户籍，即我们所说的农民工。

表 9-1 城市名称中被访者户籍性质人数

单位：人

项　　目		被访者户籍性质		合计
		农业	非农业	
城市名称	北京市	5980	2010	7990
	广州市	1742	254	1996
	上海市	6162	1790	7952
	深圳市	1625	371	1996
合　　计		15509	4425	19934

现在，我们对这 15509 名农民工的婚育情况进行分析。这些农民工中有 21.3% 的人未婚，76.9% 的人是初次结婚，再婚、离婚、丧偶的总和为 1.8%，这个比例极小，基本可以忽略不计。

表 9-2 被访者婚姻状况

单位：人,%

项　　目		频率	百分比	有效百分比	累积百分比
有效	未婚	3298	21.3	21.3	21.3
	初婚	11924	76.9	76.9	98.1
	再婚	128	0.8	0.8	99.0
	离婚	140	0.9	0.9	99.9
	丧偶	19	0.1	0.1	100.0
	合　计	15509	100.0	100.0	

进城农民工的生育观突出表现在对生育子女数量和对重男轻女的看法上。没有生育孩子的占总人数的 7.1%，这个比例较小；大部分农民工生育 1~2 个孩子，生育 1 个孩子的占 50.5%；生育 2 个孩子的占 36.7%；生育 3 个及 3 个以上的仍然存在一部分，占总人数的 5.7%。

生育男孩的比例占 54.7%，生育女孩的比例占 45.3%，生育男孩的比例明显比女孩的高，说明重男轻女的思想仍然存在。

表9-3　亲生子女数量

单位：人，%

项　目		频率	百分比	有效百分比	累积百分比
有效	0	865	5.6	7.1	7.1
	1	6151	39.7	50.5	57.6
	2	4473	28.8	36.7	94.3
	3	603	3.9	5.0	99.3
	4	73	0.5	0.6	99.9
	5	12	0.1	0.1	100.0
	6	3	0.0	0.0	100.0
	合　计	12180	78.5	100.0	—
缺失	系统	3329	21.5	—	—
合　计		15509	100.0	—	—

表9-4　子女性别比较

项　目		频率	百分比	有效百分比	累积百分比
有效	男	6191	39.9	54.7	54.7
	女	5122	33.0	45.3	100.0
	合　计	11313	72.9	100.0	—
缺失	系统	4196	27.1	—	—
合　计		15509	100.0	—	—

从表9-3、表9-4中可以看出，农民工的生育观念正在向理性化迈进。大部分农民工生了1个或是2个，不过仍然存在一部分农民工生了3个或3个以上的孩子。由此可见，"多子多福""重男轻女"的生育观念正在慢慢淡化。

传宗接代、重男轻女、多子多福一直是农民工生育观的主流观念。男孩可以继承香火、养老送终，所以"早生贵子"是人们都认为至关重要的。人们可以忍受清贫，无子、绝后却被认为是最大的不孝。而见了城市的生活状况、接受了现代文明熏陶的农民工，慢慢挣脱了重男轻女、多子多福的生育观。很多年轻人认为孩子多了反而会成为家庭的负担，而且不希望过早地为孩子所累，想趁年轻多挣些钱，将来为子女提供良好的成长环境。农民工在城市里生活，消费水平、养育孩子的成本比农村的要高出许多，外在的经济压力也会迫使农民工少生或者只生一个，生活方式的改变影响着他们的生育观念。从社会学的角度看，"干扰理论"认为，农民工的流动性造成他们生活的不安定以及心理上有大的压力，生活环境的改变、人际关系的重构、社会安全网的丧失、紧张的工作节奏都会导致生育率降低或生育行为的延期。"文化适应理论"认为，城市的生活方式对农村流入城市人口的生育行为有影响并起到示范作用，农民从生育水平较高的农村进入城市，经过一段时间潜移默化的影响，他们会自觉或不自觉地逐渐改变传统的生育观念，追求城市家庭中较高的生活质量。而"中断理论"认为，分居的家庭模式能够减少妇女受孕生育的机会，或者因为分居对抚育孩子的不便而放弃或延迟生育计划。

三　调查对象的各方面情况

从以上结果看出，这些农民工的婚育观正在发生变化，然而变化的原因我们不是很明确。所以我们首先分析农民工的各方面情况，然后再从这些方面中确定影响因素。

（一）农民工的年龄情况

我们所调查农民工的平均年龄在 32 岁左右，由图 9-1 中明显看出，20~35 岁的人最多，其次人数较多的是 35~45 岁，50~60 岁的人就很少，60 岁以上的农民工基本就没有了，说明 60 岁

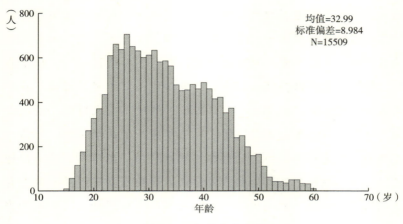

图 9 - 1　年龄分布示意

以下的人到城市里工作，到 60 岁后基本回到自己的家乡。

（二）农民工的性别情况

在全部的农民工中，男性占了 49.7%，女性占了 50.3%，男性比女性稍少一部分，相对来说比较平衡。由图 9 - 2 明显可以看出 20～30 岁的男性明显比女性少很多，而其他年龄段的男女比例相对来说是比较平衡的。

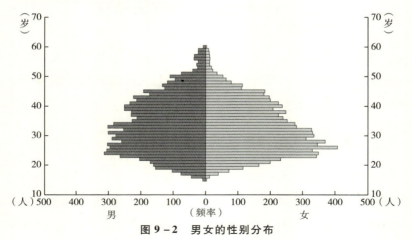

图 9 - 2　男女的性别分布

（三）农民工的受教育情况

表 9 - 5　被访者受教育程度

单位：人，%

项　目		频率	百分比	有效百分比	累积百分比
有效	未上过学	212	1.4	1.4	1.4
	小学	1669	10.8	10.8	12.1
	初中	8980	57.9	57.9	70.0
	高中	2608	16.8	16.8	86.8
	中专	933	6.0	6.0	92.9
	大学专科	792	5.1	5.1	98.0
	大学本科	302	1.9	1.9	99.9
	研究生	13	0.1	0.1	100.0
合计		15509	100.0	100.0	

从这些农民工的受教育情况来看，初中文化水平者人数最多，占全部人数的比重最高，初中的共 8980 人，所占比例是 57.9%。其中，未上过学的有 212 人，占 1.4%；小学文化程度的有 1669 人，占 10.8%；高中的有 2608 人，占 16.8%；中专的有 933 人，占 6.0%；大学专科的有 792 人，占 5.1%；大学本科的有 302 人，占 1.9%；研究生人数极少，只有 13 人，占 0.1%。

（四）农民工的就业情况

就业情况我们可以从多方面来看，从就业身份来看，我们发现这些农民工大部分是雇员，即被人雇用，有 8947 人，所占有效比例为 65.3%；其次是自营劳动者，有 3199 人，占 23.4%；其他的人中，3.2% 是家庭帮工，有 433 人；8.1% 是雇主，有 1116 人。

表9-6 就业身份

单位：人,%

	项　目	频率	百分比	有效百分比	累积百分比
有效	雇员	8947	57.7	65.3	65.3
	雇主	1116	7.2	8.1	73.5
	自营劳动者	3199	20.6	23.4	96.8
	家庭帮工	433	2.8	3.2	100.0
	合　计	13695	88.3	100.0	
缺失	系统	1814	11.7		
合　计		15509	100.0		

　　而从就业的行业来看，制造业、建筑、批发零售、住宿餐饮、社会服务的人数比较多，分别占总人数的27.3%、6.5%、20.9%、13.4%、11.4%。其他行业相对来说人数较少。

表9-7 就业单位所属行业

单位：人,%

	项　目	频率	百分比	有效百分比	累积百分比
有效	制造业	3741	24.1	27.3	27.3
	采掘业	6	0.0	0.1	27.4
	农林牧渔	218	1.4	1.6	29.0
	建筑	892	5.8	6.5	35.5
	电煤水生产供应	43	0.3	0.3	35.8
	批发零售	2861	18.4	20.9	56.7
	住宿餐饮	1832	11.8	13.4	70.0
	社会服务	1567	10.1	11.4	81.5
	金融、保险、房地产	169	1.1	1.2	82.7
	交通运输、仓储通信	649	4.2	4.7	87.5
	卫生、体育和社会福利	166	1.1	1.2	88.7
	教育、文化及广播电影电视	190	1.2	1.4	90.1
	科研和技术服务	259	1.7	1.9	92.0
	党政机关和社会团体	64	0.4	0.5	92.4
	其他	1038	6.7	7.6	100.0
	合　计	13695	88.3	100.0	
缺失	系统	1814	11.7		
合　计		15509	100.0		

最后从就业单位的性质来看，大部分人是个体工商户和在私营企业工作。这两者总共占了 72%，而其他行业人数比较少。除了无单位的，都低于 5%。

表 9 – 8　就业的单位性质

单位：人,%

	项　目	频率	百分比	有效百分比	累积百分比
有效	土地承包者	159	1.0	1.2	1.2
	机关、事业单位	255	1.6	1.9	3.0
	国有及国有控股企业	481	3.1	3.5	6.5
	集体企业	418	2.7	3.1	9.6
	个体工商户	4596	29.6	33.6	43.1
	私营企业	5254	33.9	38.4	81.5
	港澳台企业	534	3.4	3.9	85.4
	日/韩企业	101	0.7	0.7	86.1
	欧美企业	85	0.5	0.6	86.8
	中外合资企业	599	3.9	4.4	91.1
	其他	154	1.0	1.1	92.3
	无单位	1059	6.8	7.7	100.0
	合　　计	13695	88.3	100.0	
缺失	系统	1814	11.7		
	合　计	15509	100.0		

四　调查对象各状况对婚育状况的影响分析

从城市看，北京、上海、广州、深圳都是初婚人数最多，其次是未婚、再婚、离婚、丧偶所占比例较小。广州市的未婚比例最高，占 29.0%，上海和深圳的未婚比例相对于北京和广州来说较低，分别占 18.1%、18.3%；深圳的初婚比例最高，占

表 9 - 9　性别、年龄、教育等婚姻情况

项　目		被访者婚姻状况				
		未婚	初婚	再婚	离婚	丧偶
城市名称	北京市	23.0%	75.2%	0.9%	0.8%	0.1%
	广州市	29.0%	69.4%	0.7%	0.7%	0.2%
	上海市	18.1%	79.7%	0.8%	1.2%	0.1%
	深圳市	18.3%	80.5%	0.7%	0.4%	0.1%
被访者性别	男	24.4%	73.9%	0.9%	0.8%	0.1%
	女	18.2%	79.9%	0.8%	1.0%	0.1%
年龄组	15～19 岁	97.5%	2.5%			
	20～24 岁	62.6%	37.2%		0.2%	
	25～29 岁	19.2%	80.0%	0.3%	0.5%	
	30～34 岁	4.7%	93.6%	0.7%	0.9%	
	35～39 岁	2.5%	94.3%	1.6%	1.6%	
	40～44 岁	1.4%	95.1%	2.0%	1.4%	0.2%
	45～49 岁	1.7%	94.7%	1.4%	1.6%	0.5%
	50～54 岁	2.1%	94.8%	0.6%	1.5%	0.9%
	55～59 岁	1.6%	92.1%	0.5%	2.6%	3.1%
被访者受教育程度	未上过学	4.7%	93.4%	0.9%	0.5%	0.5%
	小学	5.2%	90.6%	2.0%	1.7%	0.5%
	初中	18.0%	80.3%	0.7%	0.9%	0.1%
	高中	30.3%	68.1%	0.7%	1.0%	
	中专	40.3%	58.9%	0.3%	0.4%	
	大学专科	39.0%	60.4%	0.5%	0.1%	
	大学本科	37.1%	62.3%	0.7%		
	研究生	15.4%	84.6%			
就业身份	雇员	31.2%	66.8%	0.8%	1.1%	0.1%
	雇主	5.5%	93.2%	0.7%	0.4%	0.2%
	自营劳动者	7.0%	91.1%	0.9%	0.9%	0.1%
	家庭帮工	8.8%	90.1%	0.9%	0.2%	
合　计		22.8%	75.4%	0.8%	1.0%	0.1%

80.5%，北京、广州、上海的初婚比例也比较高，都在 70% 左右。再婚的比例几个城市都差不多，在 8% 左右；而离婚比例中上海市最高，有 1.2%，北京和广州也比较高，分别占 0.8%、0.7%，深圳的离婚比例最低，仅有 0.4%；丧偶的比例几个城市差不多，仅在 0.1% 左右。

从性别上看，未婚的人数男性比女性多，未婚的男性占 24.4%，女性占 18.2%；初婚的人数女性比男性多，初婚的女性占 79.9%，男性占 73.9%；而再婚的男性所占比例比再婚的女性所占比例高 0.1 个百分点；离婚的女性比例比离婚的男性比例高 0.2 个百分点；丧偶的人中，男性、女性的比例差不多。

从年龄上看，在 15～24 岁的年龄段中未婚人数所占比例较大，15～19 岁的未婚人数达到 97.5%，40 岁以上未婚的虽然存在但是很少，所占比例均低于 3%。初婚的每个年龄段的都有，25～29 岁的年龄段初婚的人数达到了 80.0%。再婚主要是 35～49 岁的人。35 岁以上离婚的比例明显高于 20～34 岁的。丧偶所占比例较小，主要集中在 55 岁以上的人。

从教育方面看，未婚人主要是初中、高中、中专、大学专科、大学本科毕业的，分别占总人数的 18.0%、30.3%、40.3%、39.0%、37.1%。初婚的人所占比例比较高，低于中专程度的，随着受教育程度的提高，初婚的人占比越来越低；高于中专程度的，却是随着受教育程度的提高，初婚人所占比例慢慢增大。小学毕业再婚所占比例较其他学历的为大，占了 2.0%，而其他的占 0.7% 左右。离婚中，也是小学的所占比例最大，是 1.7%，丧偶的人分布在未上学、小学、初中。

从就业上来看，未婚的主要是雇员，占 31.2%，雇主、自营劳动者、家庭帮工所占均不足 10%。初婚中雇员占 66.8%，雇主占 93.2%，自营劳动者占 91.1%，家庭帮工占 90.1%。再婚的各种就业身份都存在，并且所占比例也差不多。离婚的主要是雇员，所占比例为 1.1%，其次是自营劳动者，占 0.9%，雇主、家庭帮工中离婚的比例较小，分别是 0.4%、0.2%。而丧偶的是雇员、雇主、自营劳动者，所占比例较小。

由以上分析来看，城市、性别、受教育程度、就业身份的婚姻情况分布都存在一定的差别。将他们作为变量进行多元 Logistics 回归分析；我们发现，教育、就业身份的系数不通过检验，这样我们考虑用受教育年数和工作年数来替换受教育程度和就业身份。先看受教育年数、工作年数与婚姻的分布情况。

从受教育年数来看，受教育年数低于 6 年的初婚所占比例最大，高达 90.9%，未婚比例仅有 5.1%，相对于其他受教育程度来说是比较低的，而再婚、离婚、丧偶的比例明显高于其他受教育程度的比例。受教育 7~9 年的初婚比例仍然较高，为 80.3%，未婚比例相对于受教育小于 6 年的有所提高，为 18.0%。受教育 10~12 年与 13~15 年未婚、初婚比例差不多，但是再婚、离婚的比例受教育 10~12 年明显高于受教育 13~15 年。受教育 16 年以上，未婚比例为 36.2%，初婚比例为 63.2%。

从工作年数看，工作年数小于 3 年的未婚比例较大，占 36.7%。而初婚在各个工作年数里所占比例都较大，在 60% 以上。再婚中，工作 7~12 年的比例偏高，离婚中工作 13 年以上的明显高于工作低于 3 年的，说明农民工在城市工作时间越长，再婚、离婚比例就越高。而丧偶比例在各阶段都基本一致。

表 9 - 10　受教育年数（已离散化）* 被访者婚姻状况（交叉制表）

项　目		被访者婚姻状况					合计
		未婚（%）	初婚（%）	再婚（%）	离婚（%）	丧偶（%）	（%）
受教育年数（已离散化）	≤6	5.1	90.9	1.9	1.6	0.5	100.0
	7~9	18.0	80.3	0.7	0.9	0.1	100.0
	10~12	30.3	68.1	0.7	1.0	0.0	100.0
	13~15	39.7	59.6	0.4	0.3	—	100.0
	≥16	36.2	63.2	0.6	—	—	100.0
合　计		21.3	76.9	0.8	0.9	0.1	100.0

表 9 - 11　工作年数（已离散化）* 被访者婚姻状况（交叉制表）

项　目		被访者婚姻状况					合计
		未婚（%）	初婚（%）	再婚（%）	离婚（%）	丧偶（%）	（%）
工作年数（已离散化）	≤3	36.7	61.5	0.7	0.9	0.1	100.0
	4~6	10.9	87.4	0.8	0.8	0.1	100.0
	7~9	5.1	92.7	1.1	0.9	0.1	100.0
	10~12	2.4	95.5	1.3	0.8	0.1	100.0
	≥13	0.9	96.6	0.8	1.6	0.1	100.0
合　计		22.8	75.4	1.0	0.9	0.1	100.0

　　由于婚姻状况中的再婚、离婚、丧偶人数较少，所以可以将它们与初婚归为一类，再用性别、年龄、工作年数、受教育年数对婚育状况做 Logistics 回归分析，得到模型为：

$$P(y=1 \mid x_1, x_2, x_3, x_4, x_5, x_6, x_7) = -6.734 - 0.542x_1 + 0.317x_2 + 0.185x_3 - 0.132x_4 + 0.365x_5 - 0.346x_6 + 0.488x_7$$

　　其中，$y=1$ 表示已婚，x_1、x_2、x_3、x_4 分别表示性别、年龄、工作年数、受教育年数，其中性别为虚拟变量（男性 =1，女性 =0）。x_5、x_6、x_7 是城市的虚拟变量，分别表示上海、广州、深圳，北京作为对照组。

表9-12　方程中的变量

变　量	B	S. E.	Wals	df	Sig.	Exp（B）
男性	- .542	.058	85.930	1	.000	.582
年龄	.317	.007	1835.226	1	.000	1.373
工作年数	.185	.013	193.989	1	.000	1.203
受教育年数	- .132	.012	120.288	1	.000	.876
上海	.365	.066	30.290	1	.000	1.440
广州	- .346	.092	14.144	1	.000	.708
深圳	.488	.099	24.314	1	.000	1.629
常量	- 6.734	.227	882.829	1	.000	.001

注：在步骤1中输入的变量：男性、年龄、工作年数、受教育年数、上海、广州、深圳。

这几个变量中，男性的已婚者比例较小，随着年龄增长，工作年数越长，已婚的人越多，受教育程度越高，已婚比例反而减少。再看城市间，上海、深圳的已婚者比北京的多，而广州的已婚者比北京的少。

从以上结论看，要使流动人口转变婚育观念，宣传教育必须先行和加强。要将计划生育法治宣传纳入外来流动人口平等就业工作中，在依法保障外来流动人口各种合法权益中不断增强外来流动人口的计划生育法治观念。还要关注外来流动人口子女的教育，转变外来流动人口子女的思想观念。按照"公平对待，合理引导，完善管理，搞好服务"的原则，在服务上进一步扩大免费计划生育技术服务的覆盖面，为外来孕产妇提供免费孕检服务及更多更好的生育和生殖保健优质服务。逐步将流动人口生育服务纳入社区服务范围，保障流动人口生育的合法权利和利益。

　　从城市上看,深圳市小于20岁结婚的人最少,占8.4%,而北京、上海、广州都在15%左右。21~25岁结婚的人数在各个城市中的比例都比较大,基本在60%左右。广州、深圳在26~30岁结婚的有25%左右,而北京、上海在15%左右,明显低于广州和深圳的比例。各个城市中30岁以上结婚的所占比例不大。

　　从性别上看,小于20岁结婚的女性明显多于男性,女性占21.6%,男性占9.7%。21~25岁结婚的男性女性比例差不多,维持在63%左右。26~30岁结婚的男性明显多于女性,男性占22.6%,女性占13.2%。30岁以上结婚的虽少,但仍然可以看出男性多于女性。

表 9 - 13　城市、性别、教育等结婚年龄情况

单位:%

		结婚年龄（已离散化）				
		小于 20 岁	21 ~ 25 岁	26 ~ 30 岁	31 ~ 35 岁	36 岁以上
城市名称	北京市	16.4	64.8	16.2	2.2	0.4
	广州市	13.5	58.8	22.5	4.1	1.0
	上海市	18.0	63.9	15.6	1.9	0.5
	深圳市	8.4	58.7	26.4	5.3	1.1
被访者性别	男	9.7	63.1	22.6	3.7	0.9
	女	21.6	63.3	13.2	1.6	0.3
被访者受教育程度	未上过学	30.2	55.9	9.9	2.5	1.5
	小学	24.0	60.2	12.4	2.9	0.6
	初中	17.1	64.7	15.2	2.4	0.6
	高中	10.2	64.6	22.1	2.6	0.5
	中专	8.1	64.8	24.2	2.3	0.5
	大学专科	2.3	55.7	36.2	5.0	0.8
	大学本科	1.6	40.5	53.2	4.7	—
	研究生	—	18.2	81.8	—	—

续表

		结婚年龄（已离散化）				
		小于20岁	21~25岁	26~30岁	31~35岁	36岁以上
就业身份	雇员	15.8	63.0	18.3	2.4	0.5
	雇主	13.2	61.1	21.3	3.4	0.9
	自营劳动者	14.4	64.5	17.3	3.0	0.8
	家庭帮工	20.9	67.2	10.9	1.0	—
合计		15.9	63.2	17.7	2.6	0.6

从教育上看，小于20岁结婚的未上过学和小学毕业的所占比例较大，在20%以上，而高中以上学历的在20岁以下结婚的比例低于10%。大学专科及以下学历21~25岁结婚的比例较大，都在55%以上，大学本科结婚的比例为40.5%，下降了一部分，而研究生在这个年龄段结婚的比例极少，仅占18.2%。大学本科、研究生在26~30岁结婚的比例明显高于其他学历的，都在50%以上，研究生的高达81.8%，高中、中专、大学专科在26~30岁结婚的比例分别为22.1%、24.2%、36.2%，初中及以下的26~30岁结婚的比例都低于16%。各受教育程度31岁以上结婚的比例都差不多。由这些数据明显看出随着受教育程度的提高，结婚越来越晚。

从就业身份看，家庭帮工在20岁以下结婚的比例较大，为20.9%，其他的都在15%左右。在21~25岁结婚的比例都很大，都在60%以上。雇主在26~30岁结婚的所占比例较大，为21.3%，家庭帮工在这个年龄段结婚的最少，为10.9%。31岁以上结婚的家庭帮工所占比例较小，雇员、雇主、自营劳动者都差不多。

由以上分析来看，在结婚年龄和就业身份转变的背后，受教育程度也是巨大的推动因素。这其中的生活逻辑非常直接。本来是结婚生子、为事业打拼的年纪,却在校园里一边谈恋爱一边学习知识,当然也可能只顾一边,而当高素质劳动力集中毕业的时候,却掀起了一波最难就业季。找一份稳定且有发展的好工作就变成了头等大事,而婚配则是水到渠成的事情,至少不是最要紧的。这是最近二十年或十几年内发生的事情。80后、90后的人生轨迹就变成了"出生—上学—就业—结婚",由于上学时间的延长,就业和结婚时间就相应延后,而多上学与好就业之间的紧密关系,使得结婚很难插足,所以受教育程度高的农民工的平均婚龄就延后了。

五 结论

农民工的城乡迁移是以和家人的长期分居为代价的。也就是说,农民工进城务工要么是夫妻中的一方进城务工,另一方带孩子、老人留守,要么是夫妻双方进城务工孩子、老人留守,也有举家迁移将父母留在农村的情况。无论是哪一种迁移模式,都免不了使农民工的家庭处于分居的状况,这种分居有些是短期的、季节性的,比如农忙时节回家务农,农忙一过又返回城市务工;有些是长期的,有时是几年,甚至几十年与农村的亲人分开居住。农民工与家庭其他成员分居的生活,并不会阻断他与家庭的联系,却会影响家庭中的夫妻关系、亲子关系、兄妹关系等。本书主要探讨了北京、上海、广州、深圳农民工家庭中的婚姻情况以及结婚年龄,并分析了教育、工作对婚姻情况的影响。主要得到了以下结论。

第一,工作年数对已婚比例有增大的影响,受教育程度对未婚比例有增大的影响,并说明了地区间婚姻情况的差异。农民工家庭长期分居的原因有很多，有些是城乡间的收入差距，使得农民工宁愿分居也要进城追求更高的收入；也有些是城市的团聚成本太高，使得农民工不得不选择分居的生活。

第二，受教育程度对结婚年龄有延后的影响，就业身份不同结婚年龄不同。社会经济发展学派将初婚年龄变化归结于城乡二元结构、职业结构、高等教育扩招、父辈职业等诸多要素。有研究表明，受教育水平和城市化水平提高的影响，农民工初婚年龄大大延后。严格来说，这些要素并不必然作为社会经济发展的要素，而是社会生活的重要组成部分。这与本书是相符的。

后　记

　　《中国超大城市农民工问题研究》是北京工业大学"中国农民工问题研究课题组"的集体创作。近年来，北京工业大学人文学院社会学系和经管学院从事农民工问题研究的师生组成研究团队，围绕着超大城市农民工问题展开了深入的研究，同时依托首都社会建设与社会管理协同创新中心同相关科研机构及政府部门进行合作，在政学研用方面进行了积极的探讨。农民工问题是个重大的经济社会问题，我们也希望通过本书的研究能够抛砖引玉，唤起更多的学术界同仁关注超大城市农民工问题，共同推进这一领域的研究。由于能力所限，我们也诚恳希望读者对本研究提出批评指正。本书各章执笔人如下。第一章李升；第二章李晨曦；第三章胡建国、裴豫；第四章赵卫华；第五章杨桂宏；第六章李君甫；第七章李国正；第八章姜海珊；第九章谢艾香；本书最后由冯虹、胡建国、李君甫、李升、李国正统稿。作为北京市属高校，研究北京等超大城市农民工问题体现了"服务北京、面向全国"的办学取向，亦是我们社会服务的体现。本研究得以开展离不开国家卫计委提供全国流动人口调查数据，对此致以诚挚的谢意！

北京工业大学"中国农民工问题研究课题组"

2015 年 8 月